KLEINE DEUTSCHE SPRACHLEHRE

This edition published by Lector House in 2024

ISBN: 978-93-5800-838-8
Edition copyright © 2024 by Lector House LLP
All rights reserved under the International Copyright Conventions.

Every possible effort has been made to ensure that the information contained in this book is accurate at the time of going to press and the publisher cannot accept responsibility for any errors or omissions, however caused, in this unabridged, slightly corrected republication of the text of the first edition. No responsibility for loss or damage occasioned to any person, acting or refraining from action, as a result of the material in this publication can be accepted by the publisher. The publisher is not associated with any product or vendor mentioned in the book. The contents of this work are intended to further general scientific research, understanding and discussion, only. Readers should consult with a specialist, where appropriate.

No part of this publication may be reproduced, stored in a retrieval system, or transmitted, in any form, or by any means, electronic, mechanical, photocopying or otherwise, without the prior permission of the publisher.

Lector House LLP
Registered Office: H. No. 96, Block C, Tomar Colony,
Burari, Delhi – 110084, India
info@lectorhouse.com
www.lectorhouse.com

KLEINE DEUTSCHE SPRACHLEHRE

HERMANN BOHM, WALTER STEINERT

2024

LECTOR HOUSE LLP

KLEINE DEUTSCHE SPRACHLEHRE

VON

H. BOHM UND W. STEINERT.

EINUNDDREIßIGSTE AUFLAGE.

Vorwort.

Das vorliegende Heft giebt eine gedrängte Zusammenstellung Alles dessen, was der Schüler wissen muß, wenn er dahin gelangen soll, seiner Muttersprache in Rede und Schrift mächtig zu sein.

Daß wir durch die befolgte Anordnung keinen Lehrgang geben wollten, ist leicht ersichtlich. Es lag uns aber daran, den zu verarbeitenden Stoff, in übersichtlicher Weise zusammengestellt, den Kindern in die Hände zu geben, um dem Lehrer dadurch das zeitraubende Dictiren abzunehmen. Wir dürfen kaum befürchten, in Betreff der Anwendung des Heftchens mißverstanden zu werden. Die einzelnen §§. enthalten das *in den Unterrichtsstunden gewonnene* Resultat und müssen Eigenthum des Schülers werden. — **Es soll aber ihr Inhalt, so wie überhaupt jede sprachliche Form, aus dem lebendigen Organismus der Sprache heraus entwickelt und nicht gegeben, der Unterricht also an das Lesebuch oder die Bildertafel geknüpft werden.** In dieser Weise angewendet, soll das Heft dem Schüler bei Wiederholungen so wie zur Uebung und Befestigung in den Formen der Muttersprache dienlich sein. Was im Rechnen das Einmaleins ist, das sind in der Sprache die einzelnen Formen derselben; sie müssen dem Schüler ebenso geläufig sein wie jenes. Daher nach der *Erkenntniß* **vielfache Uebung!**

Obgleich wir der Ansicht sind, daß der Unterricht in der Orthographie mit dem ersten Leseunterricht beginnen und fortschreiten, und das Meiste durch das Auge erreicht werden müsse, so hielten wir es doch für nöthig, diejenigen Regeln aufzustellen, welche durchgreifend sind, und namentlich **den** Schülern von Nutzen sein werden, die einen zusammenhangenden Unterricht nicht haben genießen können.

Die erste Veranlassung zur Herausgabe dieser Zusammenstellung ward uns durch die wissenschaftlichen Sitzungen des Geselligen Lehrer-Vereins.

Indem wir für diese Anregung hiermit danken, erlauben wir uns zugleich, *Demselben* diese Arbeit zu geneigter Beurtheilung zu überreichen.

Berlin, den 30. April 1851.   D. V.

Vorwort zur einunddreißigsten Auflage.

Diese Auflage ist im Wesentlichen mit den vorangegangenen gleichlautend. Nur in betreff der Orthographie sind mit leiser Hand wiederum einige Aenderungen vorgenommen worden. So schwankend auch Einzelnes auf diesem Gebiete bereits geworden ist, und so dringend auch eine bestimmte Regelung erscheint, so darf doch in einer Sprachlehre für die Volksschule nur mit äußerster Vorsicht nach dieser Richtung hin vorgegangen werden. Neue Formen zu lehren, ist, — nach unserer Ansicht — der Volksschule erst dann gestattet, wenn dieselben in den meisten Volks Schul-Lesebüchern zu finden und von der Tagespresse aufgenommen worden sind.

Außerdem ist der in früheren Auflagen auf der letzten Seite befindliche zu §§ 5 und 6 gehörende Zusatz über die Biegung der Hauptwörter an der richtigen Stelle auf Seite 7 eingefügt worden.

Berlin, im April 1879.

H. Bohm.

Contents

	Page
• Wortlehre..................................	1
• Satzlehre...................................	25
• Bemerkungen..............................	36
• Rechtschreibung — Orthographie............	39
• Zusatz....................................	45

Wortlehre.

§. 1. Es giebt 10 Wörterklassen:

1. Geschlechtsw.	2. Hauptw.	3. Eigenschaftsw.	4. Zahlw.
Artikel.	Substantiv.	Adjectiv.	Numerale.
5. Fürw.	6. Verhältnißw.	7. Zeitw.	8. Umstandsw.
Pronomen.	Präposition.	Verbum.	Adverbium.
9. Bindew.	10. Empfindungsw.		
Conjunction.	Interjection.		

I. Geschlechtswörter.

§. 2. 1. Die *Geschlechtsw.* kündigen die Wörter, zu denen sie gehören, als Hauptw. an, und sagen, welches Geschlecht dieselben haben.

2. Die *Geschlechtsw.* sind:

	männlich	weiblich	sächlich
	Masculinum	Femininum	Neutrum
bestimmte:	der	die	das
unbestimmte:	ein	eine	ein

3. Die *Geschlechtsw.* werden nie betont und nur zu Anfange eines Satzes groß geschrieben; ihre Biegung siehe beim Hauptw.

II. Hauptwörter.

§. 3. 1. Die *Hauptw.* sind Namen für *Gegenstände*.

    a. Man kann die Wörtchen *der*, *die*, *das* vor sie setzen.

    b. Sie werden *groß geschrieben*.

2. Die *Hauptw.* können sein:

a. Namen für *wirkliche* Gegenstände (Concreta — Wesennamen) z. B. für Personen, Thiere, Pflanzen, Steine, Städte, Dörfer, Berge, Flüsse, Geräthe, Kleider etc.

b. Namen für Gegenstände, die als *wirklich gedacht* werden (Abstracta — Begriffsnamen) z. B. die meisten Wörter auf: *heit, keit, ung, thum, muth (mut), schaft, niß (nis)*.

3. Die *Hauptw.* unter a. zerfallen in:

1. *Eigennamen* (Nomina propria): Marie, Karl, Berlin etc.
2. *Gattungsnamen* (N. appellativa): Hund, Apfel, Zimmer etc.
3. *Stoffnamen* (N. materialia): Milch, Wasser, Zucker, Blei etc.
4. *Sammelnamen* (N. collectiva): Heer, Christenheit, Waldung.

§. 4. 1. Die *Hauptw.* haben ein *dreifaches Geschlecht* (Genus):

Männlich:	der Mann	ein Spiegel.
Weiblich:	die Frau	eine Wand.
Sächlich:	das Kind	ein Buch.

Anm. *Doppeltes Geschlecht* haben: Band, Bund, Erbe, Erkenntnis, Flur, Gehalt, Harz, Heide, Hut, Kiefer, Kunde, Leiter, Mast, Messer, Schild, See, Sprosse, Thor, Steuer etc.

2. Die *Hauptw.* können in *zweifacher* Zahl (Numerus) stehen: *Einzahl* (Singularis), *Mehrzahl* (Pluralis).

E.	Fenster	Hund	Kleid	Knabe
M.	Fenster	Hund e	Kleid e r	Knab e n
E.	Bett	Vater	Wand	Dach
M.	Bett e n	Väter	Wänd e	Däch e r.

Anm. Es haben:

1. *keine Einz.*: Eltern, Ostern, Pfingsten, Weihnachten etc.
2. *keine Mehrz.*: Gold, Silber, Blei, Milch, Mehl, Haß etc.
3. *doppelte Einz.*: Friede — Frieden, Funke, Same, Buchstabe, Fels, Gedanke, Glaube, Haufe, Schade, Wille etc.
4. *Doppelte Mehrz.*: Bande, Bänder; Bänke, Banken; Gesichte, Gesichter; Lichte, Lichter; Tuche, Tücher; Worte, Wörter etc.

WORTLEHRE

3. Die *Hauptw.* können in der E. u. M. in *vier verschiedenen Fällen* (Casus) stehen: 1. F. = Nominativ, 2. F. = Genitiv, 3. F. = Dativ, 4. F. = Accusativ.

4. Die *Hauptw.* unterliegen einer *starken*, *schwachen* und *gemischten Biegung* (Declination).

I. Starke Biegung.

§. 5. Die *Hauptw.* dieser Bieg. erhalten im 2. F. der E. s oder e s und im 1. F. der M. e oder e r. Sie lauten oft um. Die weibl. Wörter bleiben in der E. unverändert.

			a.	b.	c.
E.	1. F wer?		der Baum	das Haus	die Gans.
	2. F. wessen?		des Baum e s	des Haus e s	der Gans
	3. F. wem?		dem Baum e	dem Haus e	der Gans
	4. F. wen?		den Baum	das Haus	die Gans
M.	1. F. wer?		die Bäum e	die Häus e r	die Gäns e
	2. F. wessen?		der Bäum e	der Häus e r	der Gäns e
	3. F. wem?		den Bäum e n	den Häus e r n	den Gäns e n
	4. F. wen?		die Bäum e	die Häus e r	die Gäns e

a. Hahn, Sohn, Werk, Kreuz; b. Schloß, Gras, Leib, Geist; c. Magd, Stadt, Heinrich, Ludwig.

> Anm. Die männl. und sächl. Wörter auf **el** und **er** nehmen nur an: im 2. Fall der E. s und im 3. Fall der M. n. Z. B. Apfel, Mantel, Pudel, Räthsel, Müller, Vater, Bruder, Messer. Die weibl. Wörter auf **r** nehmen aber im 3. F. der M. **n** an: Mutter, Tochter.

§. 6. Die Hauptw. der *schwachen Biegung* bleiben entweder in der E. unverändert, oder nehmen im 2. und den übrigen F. der E. und M. n oder e n an. Hauptw. der *gemischten Biegung* gehen in der E. nach der starken, in der M. nach der schwachen Biegung.

			II. Schwache Biegung.		III. Gem. Bieg.	
			a.	b.	c.	
E.	1. F. wer?		ein Held	eine Frau	ein Bett
	2. F. wessen?		eines Held e n	einer Frau	eines Bett e s
	3. F. wem?		einem Held e n	einer Frau	einem Bett e
	4. F. wen?		einen Held e n	eine Frau	ein Bett
M.	1. F. wer?		Held e n	Frau e n	Bett e n

Der 2., 3. u. 4. F. der M. sind mit dem ersten gleichlautend.

> a. Herr, Hase, das Kleine. b. Schule, Person, Marie, Amalie. c. Ohr, See, Auge, Dorn, Ende, Gevatter, Hemde.

Anm. 1. Die Wörter auf **en**, **chen**, **lein** gehen nach der gem. Bieg. und nehmen demnach im 2. F. der E. s an, können dieses s aber nie in der M. behalten, also: des Mädchens, aber nicht: die Mädchens. *Herz* und *Schmerz* gehören auch hierher, jedoch hat Schmerz auch — Schmerzes.

Anm. 2. Die männl. Wörter auf **e** gehen nach der schw. B.; einzelne derselben, welche neben dem 1. F. auf **e** noch eine veraltete Form auf **en** haben, bilden den 2. F. der E. auf **ens**. S. § 4, 2. 3.

Anm. 3. a. Die *männl. Eigennamen* biegen mit dem Geschlechtsw. wie die weibl. Hauptw. der st. B.; die *weibl.* dagegen wie die weibl. Hauptw. der schw. Bieg. — Stehen die Eigennamen *ohne* Geschlechtsw., so nehmen sie im 2. F. **s**, **ns** oder **ens** und in den übrigen F. **n** oder **en** an. 1. F. Marie, 2. F. Mariens, 3. F. Marien, 4. F. Marien. — Fritz, Max, Hans; Ottilie, Emilie, Louise; Heinrichs, Berthas.

b. Folgen *mehrere Eigennamen* auf einander, so erhält nur der letzte die Fall-Endung. Christian Fürchtegott Gellerts Fabeln.

c. 1. F. Jesus Christus, 2. F. Jesu Christi, 3. F. Jesu Christo, 4. F. Jesum Christum.

Zusatz-Regel: *Schwach* biegen alle diejenigen Hauptwörter, die in der Mehrzahl ein „n" oder „en" annehmen; stark biegen die, welche in der M. kein „n" oder „en" erhalten: der Knabe — die Knabe**n**, folglich *schwach*, und daher der 2. Fall der Einzahl: „des Knaben"; aber: der Garten — die Gärten, folglich, weil kein „n" hinzugekommen *stark* und deshalb der 2. Fall der Einz. „des Gartens."

III. Eigenschaftswörter.

§. 7. 1. *Eigenschaftsw.* bezeichnen die Eigenschaften der Gegenstände. Sie bestimmen also das Hauptw. und stehen:

a) *beifügend* (attributiv) auf die Frage: Was für *ein, eine, ein*? (Welcher, e, es?)

b) *aussagend* (prädicativ) auf die Frage: Wie ist der, die, das? Das *große* Haus. — Das Haus ist *groß*.

2. Die *Eigenschaftsw.* endigen oft auf: *ig, isch, icht, ern, bar, sam, lich, haft*.

3. Die *Eigenschaftsw.* werden *klein geschrieben*. Bestimmen sie jedoch das Hauptw. nicht, sondern nehmen sie dasselbe in sich auf, so werden sie selbst zum Hauptw. und also auch groß geschrieben. Der *kranke* Mann ißt Suppe. — Der *Kranke* ißt Suppe.

4. Die *Eigenschaftsw.* stehen mit ihrem *Hauptw.* in *gleichem Geschlecht*, *gleicher Zahl* und *gleichem Falle*.

5. Die *Eigenschaftsw.* unterliegen einer *starken*, *schwachen* und *gemischten Biegung*.

§. 8. Steht das *Eigenschaftsw.* mit seinem Hauptw. *allein*, so nimmt es die Endungen des *best. Geschlechtsw.* an und hat also:

I. Die starke Biegung.

E.	1. F.	gut e r Sohn	schön e Beere	klein e s Kind
	2. F.	gut e s Sohnes	schön e r Beere	klein e s Kindes
	3. F.	gut e m Sohne	schön e r Beere	klein e m Kinde
	4. F.	gut e n Sohn	schön e Beere	klein e s Kind
M.	1. F.	gut e Söhne	schön e Beeren	klein e Kinder
	2. F.	gut e r Söhne	schön e r Beeren	klein e r Kinder
	3. F.	gut e n Söhnen	schön e n Beeren	klein e n Kindern
	4. F.	gut e Söhne	schön e Beeren	klein e Kinder

Beisp. hoher Baum, großer Mann; feine Arbeit, zarte Hand; plattes Dach, blaues Auge.

§. 9. Tritt zu dem *Eigenschaftsw.* und *Hauptw.* noch ein *best. Geschlechtsw.*, oder ein Für- oder Zahlwort, das wie das best. Geschlechtsw. biegt, so hat dasselbe:

II. Die schwache Biegung.

E.	1. F.	der gut e Sohn	die schön e Beere
	2. F.	unseres gut e n Sohnes	unserer schön e n Beere
	3. F.	diesem gut e n Sohne	dieser schön e n Beere
	4. F.	jenen gut e n Sohn	jene schön e Beere
M.	1. F.	manche gut e n Söhne	manche schön e n Beeren

E.	1. F.	das klein e Kind
	2. F.	manches klein e n Kindes
	3. F.	diesem klein e n Kinde

>   4. F.   jenes klein e Kind
> M. 1. F.   manche klein e n Kinder

§. 10. Tritt zu dem Eigenschaftsw. ein unbest. Geschlechtsw., oder ein Für- oder Zahlw., das wie *dies* Geschlechtsw. biegt, so nimmt dasselbe im 1. F. des männlichen e r und im 1. und 4. F. des sächl. Geschl. e s an. In den übrigen Fällen geht es nach der schw. Biegung. Man hat dann:

>   III. Die gemischte Biegung.

> E. 1. F.   ein gut e r Sohn   kein baar e s Geld
>   2. F.   eines gut e n Sohnes   keines baar e n Geldes
>   3. F.   einem gut e n Sohne   keinem baar e n Gelde
>   4. F.   einen gut e n Sohn   kein baar e s Geld

> Anm. 1. Stehen *zwei* oder *mehrere Eigenschaftsw.* ohne Geschlechtsw., Für- oder Zahlw. vor einem Hauptw., so biegen sie im 1. F. der E. u. M. wie das best. Geschlechtsw.; in den *übrigen* F. biegt nur das erste in dieser Weise; die andern biegen schwach; 1. F. *guter, braver* Mann; 2. F. *guten, braven* Mannes; 3. F. *gutem, braven* Manne; 4. F. *guten, braven* Mann etc.

> Anm. 2. Steht ein *Umstandsw.* vor einem *Eigenschaftsw.* so darf Ersteres nicht biegen. Man darf also nicht sagen: ein *ganzer braver* Mann, sondern ein *ganz braver* Mann.

§. 11. Die *Eigenschaftsw.* können *gesteigert* werden. Es giebt 3 *Stufen der Steigerung* (Gradbiegung — Comparation). 1. Stufe (Positiv), 2. Stufe (Comparativ), 3. Stufe (Superlativ).

1.	2.	3.
schön	schöner	schönst — am schönsten
nahe	näher	nächst — am nächsten
hoch	höher	höchst — am höchsten
viel	mehr	meist — am meisten
gut	besser	best — am besten

Beisp.: lang, niedrig, scharf, klug, stolz, faul, süß, kalt, warm, arm, stark, krumm, breit.

> Anm. 1. Todt, mündlich, ganz, recht, bleiern, wahr, leer etc. haben keine Steigerung.

> Anm. 2. Die 2. u. 3. Stufe biegen in derselben Weise wie die erste Stufe.

Anm. 3. Wie = 1. Stufe; als = 2. Stufe. Karl ist so schnell *wie* Fritz. Anton ist schneller *als* Julius.

Anm. 4. Oft wird die Steigerung durch die Wörter: äußerst, höchst, sehr, vorzüglich etc. ausgedrückt.

§. 12. Die *Eigenschaftsw.* erfordern oft bestimmte Fälle. Es haben:
1. Den 2. Fall:
ansichtig, bedürftig, beflissen, benöthigt, bewußt, eingedenk, fähig, froh, geständig, gewärtig, gewahr, gewiß, gewohnt, habhaft, kundig, ledig, los, mächtig, müde, satt, schuldig, sicher, theilhaftig, überdrüssig, verdächtig, verlustig, voll, werth, würdig.

Man wurde *des Verfolgten* nicht ansichtig. Der Arme ist *der Unterstützung* bedürftig. Bist *du deiner* Sache gewiß? Dies ist nicht *der Rede* werth. Sie ist *eines seltenen Glückes* theilhaftig geworden.

2. Den 4. Fall:
alt, breit, dick, groß, hoch, reich, lang, schwer, tief, werth — wenn ihnen die Angabe des Alters, Gewichtes, Preises etc. beigefügt wird.

Der Stein ist *einen* und *einen halben* Centner schwer.

3. Die übrigen Eigenschaftsw. haben entweder keinen oder in Verbindung mit den Hülfszeitw. *sein* oder *werden*

den 3. Fall bei sich:
abtrünnig, abgeneigt, angenehm, anstößig, anständig, angeboren, ähnlich, ängstlich, ärgerlich, bange, behülflich, bedenklich, bewußt, bekannt, beschieden, beschwerlich, bequem, dienlich, dankbar, dunkel, eigen, einleuchtend, ekelhaft, empfindlich, ergeben, erlaubt, erinnerlich, erwünscht, fremd, gefällig, gefährlich, gehorsam, geläufig, gewogen, gewachsen, gleich, gut, heilsam, heiß, hold, klar, kostbar, lästig, lieb, nahe, nützlich, rathsam, schädlich, unausstehlich, unbegreiflich, überlegen, verantwortlich, verbindlich, verderblich, verhaßt, verwandt, werth, willkommen, zugethan.

Du bist d e m V e r e i n e abtrünnig geworden. — Ich bin D e i n e m Vorhaben nicht abgeneigt. — Dein Besuch ist m i r angenehm.

IV. Zahlwörter.

§. 13. Die *Zahlw.* zählen die Gegenstände. Sie sind:

A. *bestimmte* und zwar:
1. Namen für *Grundzahlen* (Cardinalia) auf die Frage: Wie viel? eins, vier, fünf, sechs, *funfzehn* (fünfzehn), *sechzehn* (sechszehn), *siebzehn* (siebenzehn),

zwanzig, ein und zwanzig, dreißig, *funfzig* (fünfzig), *sechzig* (sechszig), *siebzig* (siebenzig), Hundert, Tausend, Million, Billion etc.

   2. Namen für *Ordnungszahlen* (Ordinalia) auf die Frage: Der wie vielste? erste, zweite, dritte etc.

B. *unbestimmte* oder Namen für *allgemeine* Zahlen auf die Frage. Wie viel? keine, etliche, manche, wenige, einige, viele, mehrere, alle, etwas, genug, nichts etc.

   1. Von den *Grundzahlw.* bildet man andere Zahlw. auf: *lei, fach, fältig, mal*; z. B. zweierlei, dreifach, hundertfältig, einmal etc.; von den *Ordnungszahlw.* auf: *halb, tel, ens*; z. B. drittehalb, viertel, drittens etc.

   2. Die *Zahlw.* werden *klein geschrieben*. Bestimmen sie jedoch kein Hauptw., sondern nehmen sie dasselbe in sich auf, so werden sie selbst zum Hauptw. und also auch groß geschrieben.

Der Kutscher fährt mit *sechs* Pferden — der Kutscher fährt mit *Sechsen*.

V. Fürwörter.

§. 14. Die *Fürw.* stehen entweder für Namen von Gegenständen oder deuten auf dieselben hin. Sie können sein:

1. *Persönliche Fürw.* (Pronomina personalia):

		1. Person.	2. Person.	3. Person.		
				M. er	W. sie	S. es
E.	1. F.	ich	du			
	2. F.	meiner (mein)	deiner (dein)	seiner (sein)	ihrer	seiner (sein)
	3. F.	mir	dir	ihm	ihr	ihm
	4. F.	mich	dich	ihn	sie	es
M.	1. F.	wir	ihr	sie	sie	sie
	2. F.	unser	euer	ihrer	ihrer	ihrer
	3. F.	uns	euch	ihnen	ihnen	ihnen
	4. F.	uns	euch	sie	sie	sie

Anm. 1. Für den 3. und 4. Fall der E. und M. der 3. Person steht oft „sich".

Anm. 2. Die erste Person ist die *sprechende*, die 2. die *angesprochene* und die 3. die *besprochene*.

2. *Besitzanzeigende Fürw.* (Pron. possessiva): mein, dein, sein, unser,

euer, ihr. *Sie biegen* wie die unbestimmten Geschlechtsw.

3. *Hinweisende Fürw.* (Pron. demonstrativa): dieser, e, es; jener, e, es, und das *betonte* der, die, das. Sie *biegen* wie die best. Geschlechtsw.

4. *Bestimmende* (vorbestimmende) *Fürw.* (Pron. determinativa): derselbe, dieselbe, dasselbe; derjenige, diejenige, dasjenige; solcher, e, es; der, die, das.

    1. derselbe Mann, 2. desselben Mannes, 3. demselben Manne etc.
    1. diejenige Frau, 2. derjenigen Frau, 3. derjenigen Frau etc.

§. 15. 5. *Zurückbeziehende Fürw.* (Pron. relativa): welcher, e, es; der, die, das; wer, was.

E. der, dessen, dem, den; die, deren, der, die; das, dessen, dem, das; M. die, deren, denen, die. — Ebenso biegt das bestimmende Fürw. „der, die, das", nur, daß der 2. F. der M. *„derer"* heißt.

6. *Fragende Fürw.* (Pron. interrogativa): wer, was, was für ein, eine, ein? welcher, e, es?

E. wer, wessen (weß), wem, wen; was, wessen (weß), wem, was

7. *Allgem. (unbestimmte) Fürw.* (Pr. indefinita): man, jeder, jeglicher; selbst, selber; jemand, niemand, jedermann.

> Anm. 1. Die 3 letzten Fürw. werden auch groß geschrieben; die übrigen nur, wenn sie hauptwörtlich gebraucht werden; das Meinige, das Deinige; das Mein, das Dein etc.

> Anm. 2. Die persönl. und besitzanz. Fürw., die sich in Briefen auf die angesprochene Person beziehen, werden ebenfalls groß geschrieben. Bald werde ich bei *Dir* sein. In *Deinem* Hause möchte ich weilen. Lassen *Sie Sich* nicht abhalten!

VI. Verhältnißwörter (Verhältniswörter).

§. 16. Die *Verhältnißw.* zeigen an, wie sich Gegenstände zu Gegenständen verhalten. Sie erfordern bestimmte Fälle. Es haben:

Den 2. Fall:
    unweit, mittelst, kraft und während, laut, vermöge, ungeachtet, oberhalb u. unterhalb, innerhalb u. außerhalb, diesseit, jenseit, halben (r), wegen, statt, anstatt, längs, zufolge, trotz, um — willen.

> Anm. Bei *längs, zufolge, trotz* kann auch der 3. F. stehen.
> — Steht *zufolge* vor dem Hauptw., so hat es den 2. Fall; steht es hinter demselben, so hat es den 3. Fall. — *Halben* steht immer dem Hauptw. nach; *wegen* und *ungeachtet* stehen bald vor,

bald nach dem Hauptw. — *Wegen, halben, um — willen* bilden: meinetwegen, deinetwegen, um seinetwillen etc. —

Unweit des Thurmes, *mittelst* der Säge, *kraft* des Amtes, *während* der Spiele, *laut* eines Vertrages, *vermöge* einer Erbschaft, *ungeachtet* eines Verbrechens, *oberhalb* Berlins, *unterhalb* Charlottenburgs, *innerhalb* des Hauses, *außerhalb* meiner Ställe, *diesseit* deiner Lauben, ihrer Lüge *halben* (r), dieses Baumes *wegen, statt* dieser Eiche, *anstatt* dieses Buches, — *längs* jenes Stromes, *zufolge* jenes Befehls, *trotz* jenes Verbots — *längs* jenem Strome, jenem Befehle *zufolge, trotz* jenem Verbote — *um* seines Eigensinns *willen*.

§. 17. Den 3. Fall:
aus, außer, bei, binnen, entgegen, gegenüber, gemäß, mit, nach, nächst, nebst, sammt, seit, von, zu, zuwider, (ob).

Anm. 1. Entgegen und zuwider stehen stets nach dem Hauptwort, gemäß bald vor, bald nach demselben.

Aus mir, dir, ihm, ihr, ihm; *außer* uns, euch, ihnen, *bei* mir, dir, ihm, ihr, ihm; *binnen* einigen Tagen, *dir entgegen*, ihm *gegenüber, gemäß* dieser Verordnung — dieser Verordnung *gemäß, mit* meinen Freunden, *nach* dem Manne, *nächst* der Frau, *nebst* dieser Frau, *sammt* dem Kinde, *seit* einem Monat, *von* einer Tante, *zu* einem Kinde, mir *zuwider, ob* dieser Sache.

Anm. 2. Ich gehe *zu* dir, nicht: *bei* dir. Ich gehe *nach* Hause, nicht: *zu* Hause. Komm *zu* mir. Ich bin *zu* Hause.

§. 18. Den 4. Fall:
durch, für, ohne, um, sonder, gegen, wider, entlang.

Durch mich, dich, ihn, sie, es; *für* uns, euch, sie; *ohne* deinen Herrn, *um* seine Mütze, *sonder* Furcht und Grauen, *gegen* dein Kind, *wider* deine Feinde.

Anm. 1. Steht **entlang** nach dem Hauptw., so erfordert es den 4. F., steht es aber vor dem Hauptw., so hat es den 2. F. nach sich. Z. B. Rausche, Fluß, das *Thal* entlang! Entlang des *Gebirges* tobte die Jagd. **Gegen** = gen; z. B. *gen* Himmel.

Anm. 2. „*Für*" und nicht „*vor*" wird gebraucht: a. wenn man fragen kann: Wem zum Nutzen oder zum Schaden? Der Mann kämpft *für* das Vaterland; b. wenn es das Gegentheil von „*wider*" ist. Er sprach für die gerechte Sache; c. wenn man es mit „*um*" verwechseln kann. Er arbeitet *für* Geld.

WORTLEHRE

§. 19. 1. Folgende 9 Verhältnißwörter (Verhältnisw.):

an, auf, hinter, in, neben, über, unter, vor, zwischen, erfordern auf die Frage: Wo? den 3. Fall — Ruhe, bereits am Ziel — und auf die Frage: Wohin? den 4. Fall — Bewegung, noch nicht am Ziel.

Der Mann sitzt — *wo?* an dem Baume, der Quelle, dem Hause. Der Mann setzt sich — *wohin?* an den Baum, die Quelle, das Haus. Die Frau steht — *wo?* *auf* einem Stuhl, einer Wiese, einem Fasse. Die Frau stellt sich — *wohin?* auf einen Stuhl, eine Wiese, ein Faß. Das Kind liegt — *wo?* *hinter* mir, dir, ihm, ihr, ihm, uns, euch, ihnen. Das Kind legt sich — *wohin? hinter* mich, dich, ihn, sie, es, uns, euch, sie. Es spielte ein Knabe — *wo? zwischen* jenem Flusse und dieser Linde, *zwischen* jener Tonne und diesem Teiche, *zwischen* jenem Dorfe und dieser Wiese. Es sprang ein Knabe *wohin? zwischen* mich und deinen Bruder, *zwischen* dich und deine Schwester, *zwischen* ihn und uns.

2. *Hiernach* muß man auch sagen:

Ich schreibe an dich. Der Brief kommt an dich. Ich denke an dich. In dich setze ich mein Vertrauen. Ich glaube an dich, an deine Treue. (Wohin richtet sich d. Glaube, d. Vertrauen?)

3. Kann man aber weder: „wo?" noch „wohin?" fragen, so erfordern diese Verhältnißw. immer den 3. F.; ausgenommen *auf* und *über*, welche alsdann den 4. F. erfordern.

Arm *an* Freuden; *in* dieser Rücksicht; *unter* diesen Umständen; *vor* allen Dingen; es liegt *an* dir; *auf* diese Weise; *über* alle Erwartungen; ich berufe mich *auf* dich; es ist *auf* eine Täuschung abgesehen; ich versichere es *auf* meine Ehre.

4. Als Ausnahme hiervon sind anzunehmen:

   a) Ich halte mich *an* die Wahrheit; Europa grenzt im Süden *an* das mittelländische Meer; sei *über* Wenigem getreu; ich bestehe *auf* meinem Willen.

   b) Bei den Zeitw. „*lehnen, stützen, binden*" erfordern diese Verhältnißw. stets den 4. F.: *Auf* seinen Stab gelehnt; ich mußte mich *auf* ihn stützen; *an* die Worte binde ich mich nicht.

   Anm. 1. Ich freue mich auf *das* Fest, — ich freue mich auf *dem* Feste. Ich schreibe an *dich*, — ich schreibe an *dir* (auf deinem Rücken). Ich schreibe in *das* Buch (ein), — ich schreibe in *dem* Buche. Er setzt sich über *mich*; aber: er sitzt über *mir*.

   Anm. 2. Am = an dem; zur = zu der; über's = über das; durch's = durch das; in's = in das u. s. w.

VII. Zeitwörter.

§. 20. 1. Die *Zeitw.* sagen aus, was Gegenstände *thun* oder was mit ihnen *gethan* wird. Sie antworten auf die Frage: Was *thut* ein Gegenstand? oder: Was wird mit einem Gegenstande *gethan*? Der Knabe schreibt. Was thut der Knabe? *schreibt* = Zeitw. — Der Hund wird geschlagen. Was wird mit dem Hunde gethan? wird *geschlagen* = Zeitw.

2. *Aeußerlich* erkennt man die Zeitw. daran, daß die Wörtchen *ich, du, er* vor dieselben gesetzt werden können.

§. 21. Es *giebt*:

1. *Hülfszeitw.* der Zeit: *sein, haben, werden*. Sie dienen zur Bildung der zusammengesetzten Zeiten der Zeitw.

2. *Hülfszeitw.* der *Aussageweise*: *können, dürfen, mögen* (Möglichkeit); *müssen, sollen, wollen* (Nothwendigkeit) und *lassen* (Möglichkeit und Nothwendigkeit).

> Anm. Ich *kann*, wozu ich *Kraft habe*. Ich *darf*, wozu ich *Erlaubniß habe*. Ich *mag*, wozu ich *Lust habe*. Ich *muß*, wozu ich *gezwungen bin*. Ich *soll*, wozu ich *Befehl habe*. Ich *will*, wozu ich den *Entschluß habe*.

3. *Zielende* (regierende) Zeitw. (V. transitiva). Sie haben eine *That-* und *Leideform* (Activ und Passiv): ich *lobe* und ich *werde gelobt*.

4. *Ziellose* (nicht regierende) Zeitw. (V. intransitiva). Sie haben keine Leideform: ich *belle*, aber nicht: ich *werde gebellt*.

5. Außer den genannten Zeitw. giebt es noch folgende: *zurückzielende* (V. reflexiva): sich grämen, sich wundern etc., *wechselweiszielende* (V. reciproca): sich schlagen, lieben etc. und *unpersönliche* (V. impersonalia): es regnet, es donnert etc.

§. 22. 1. Die Zeitw. können in der *Ein-* und *Mehrzahl* in drei verschiedenen *Personen* stehen: ich lobe, du lobst, er lobt, wir loben, ihr lobt, sie loben.

2. Die Zeitw. haben 3 *Aussageweisen* (Modi): die *Wirklichkeit*, *Möglichkeit* und die *Nothwendigkeit* oder den *Befehl* (Indicativ, Conjunctiv und Imperativ).

3. die Zeitw. treten in drei *Haupt-* und drei *Nebenzeiten* (Tempora) auf. Mit den Hauptzeiten verbindet sich der Begriff der *Dauer*, mit den Nebenzeiten der Begriff der *Vollendung*.

> A. *Hauptzeiten.*
> 1. *Gegenwart* (Praesens).
> 2. *Vergangenheit* (Imperfectum) (Mitvergangenheit).

3. *Zukunft* (Futurum I.).

B. *Nebenzeiten*:
 1. *Vollendete Gegenw.* (Perfectum) (Vergangenheit).
 2. *Vollendete Vergangenheit* (Plusquamperfectum).
 3. *Vollendete Zukunft* (Futurum II) (Vorzukunft).

Anm. Die *Grundform* (Infinitiv) des Zeitworts wird auch als *Hauptwort*, das *Mittelwort* (Participium) auch als *Eigenschaftswort* gebraucht: *Geben* ist seliger als *Nehmen*. *Zürnende* Worte sind *brennende* Pfeile. *Getheilte* Freude ist doppelte Freude.

4. Die Zeitw. unterliegen einer *starken*, *schwachen* und *gemischten* Biegung (Conjugation). Die *Hülfszeitw. sein*, *haben* und *werden* biegen abweichend.

§. 23. Biegung der Hülfszeitw. *sein, haben, werden*.

A. **Sein.**

Wirklichkeit. *Möglichkeit.*

Gegenwart.

E. ich bin   E. ich sei
 du bist   du seiest
 er, sie, es ist   er sei
M. wir sind   M. wir seien
 ihr seid   ihr seiet
 sie sind   sie seien

Vollendete Gegenwart.

E. ich bin gewesen   E. ich sei gewesen
 du bist gewesen   du seist gewesen

Vergangenheit.

E. ich war   E. ich wäre (würde sein)
 du warst   du wärest (würdest sein)
 er war   er wäre (würde sein)
M. wir waren   M. wir wären (würden sein)
 ihr waret   ihr wäret (würdet sein)
 sie waren   sie wären (würden sein)

Vollendete Vergangenheit.

E. ich war gewesen   E. ich wäre gewesen (würde
                                  gewesen sein)

du warst gewesen   du wärest gewesen (würdest
                                            gewesen sein)
                           Zukunft.
E. ich werde sein   E. ich werde sein
   du wirst sein   du werdest sein
   er wird sein   er werde sein
M. wir werden sein   M. wir werden sein
   ihr werdet sein   ihr werdet sein
   sie werden sein   sie werden sein
                      Vollendete Zukunft.
E. ich werde gewesen sein   E. ich werde gewesen sein
   du wirst gewesen sein   du werdest gewesen sein
                           Befehl.
            E. sei!   M. seid!
                          Mittelwort.
1. G. seiend   .   2. V. G. gewesen
                          Grundform.
1. G. sein   .   2. V. G. gewesen sein

                          B. **Haben.**
       Wirklichkeit.   *Möglichkeit.*
                          Gegenwart.
E. ich habe   E. ich habe
   du hast   du habest
   er hat   er habe
M. wir haben   M. wir haben
   ihr habt   ihr habet
   sie haben   sie haben
                     Vollendete Gegenwart.
E. ich habe gehabt   E. ich habe gehabt
   du hast gehabt   du habest gehabt
                         Vergangenheit.
E. ich hatte   E. ich hätte (würde haben)
   du hattest   du hättest
   er hatte   er hätte
M. wir hatten   M. wir hätten

WORTLEHRE

ihr hattet	ihr hättet
sie hatten	sie hätten

Vollendete Vergangenheit.

E. ich hatte gehabt	E. ich hätte gehabt (würde gehabt haben)
du hattest gehabt	du hättest gehabt

Zukunft.

E. ich werde haben	E. ich werde haben
du wirst haben	du werdest haben

Vollendete Zukunft.

E. ich werde gehabt haben	E. ich werde gehabt haben
du wirst gehabt haben	du werdest gehabt haben

Befehl.

E. habe!   M. habt!

Mittelwort.

1. G. habend . 2. V. G. gehabt

Grundform.

1. G. haben . 2. V. G. gehabt haben

C. Werden.

Wirklichkeit.   Möglichkeit.

Gegenwart.

E. ich werde	E. ich werde
du wirst	du werdest
er wird	er werde
M. wir werden	M. wir werden
ihr werdet	ihr werdet
sie werden	sie werden

Vollendete Gegenwart.

E. ich bin geworden	E. ich sei geworden
du bist geworden	du seist geworden

Vergangenheit.

E. ich wurde (ward)	E. ich würde
du wurdest	du würdest
er wurde	er würde
M. wir wurden	M. wir würden

ihr wurdet   ihr würdet
sie wurden   sie würden

Vollendete Vergangenheit.

E. ich war geworden   E. ich wäre geworden (würde
                                       geworden sein)
du warst geworden   du wärest geworden

Zukunft.

E. ich werde werden   E. ich werde werden
du wirst werden   du werdest werden

Vollendete Zukunft.

E. ich werde geworden sein   E. ich werde geworden sein
du wirst geworden sein   du werdest geworden sein

Befehl.

E. werde!   M. werdet!

Mittelwort.

1. G. werdend   .   2. V. G. geworden (worden)

Grundform.

1. G. werden   .   2. V. G. geworden sein

§. 24. I. *Schwache Biegung der Zeitwörter.*

Die Zeitwörter dieser Biegung lauten nicht ab: sie haben fast immer in der Vergangenheit 2 Silben, deren letzte auf *te* endigt, und bilden das 2. Mittelwort auf *t* oder *et*.

Loben.

A. Thatform

Wirklichkeit.   *Möglichkeit.*

Gegenwart.

E. ich lobe   E. ich lobe
   du lobst   du lobest
   er lobt   er lobe
M. wir loben   M. wir loben
   ihr lobt   ihr lobet
   sie loben   sie loben

Vollendete Gegenwart.

E. ich habe gelobt   E. ich habe gelobt

WORTLEHRE

du hast gelobt	du habest gelobt

Vergangenheit.

E. ich lobte	E. ich lobete (würde loben)
du lobtest	du lobetest
er lobte	er lobete
M. wir lobten	M. wir lobeten
ihr lobtet	ihr lobetet
sie lobten	sie lobeten

Vollendete Vergangenheit.

E. ich hatte gelobt	E. ich hätte gelobt (würde gelobt haben)
du hattest gelobt	du hättest gelobt

Zukunft.

E. ich werde loben	E. ich werde loben
du wirst loben	du werdest loben

Vollendete Zukunft.

E. ich werde gelobt haben	E. ich werde gelobt haben
du wirst gelobt haben	du werdest gelobt haben

Befehl.

E. lobe!	M. lobt! lobet!

Mittelwort.

1. G. lobend	2. V. G. gelobt

Grundform.

1. G. loben	2. V. G. gelobt haben

Loben.
B. Leideform

Wirklichkeit.	*Möglichkeit.*

Gegenwart.

E. ich werde gelobt	E. ich werde gelobt
du wirst gelobt	du werdest gelobt

Vollendete Gegenwart.

E. ich bin gelobt worden	E. ich sei gelobt worden
du bist gelobt worden	du seist gelobt worden

Vergangenheit.

E. ich wurde gelobt	E. ich würde gelobt

du wurdest gelobt　　　　　　　　du würdest gelobt

Vollendete Vergangenheit.

E. ich war gelobt worden　　　　　E. ich wäre gelobt worden (würde
du warst gelobt worden　　　　　　　gelobt worden sein)

Zukunft.

E. ich werde gelobt werden　　　　E. ich werde gelobt werden
du wirst gelobt werden　　　　　　du werdest gelobt werden

Vollendete Zukunft.

E. ich werde gelobt worden sein　　E. ich werde gelobt worden sein
du wirst gelobt worden sein　　　　du werdest gelobt worden sein

Befehl.

E. werde gelobt!　　　　　　　　　M. werdet gelobt!

Mittelwort.
gelobt
Grundform.

1. G. gelobt werden　　　　2. V. G. gelobt worden sein

Beisp.: ermahnen, suchen, zählen, drücken, schicken, lieben, leben, hören, herrschen, entbehren, übereilen, wiederholen, unterstützen, urtheilen.

§. 25. II. *Starke Biegung der Zeitwörter.*

Die Zeitwörter dieser Biegung lauten in der Vergangenheit und dem zweiten Mittelwort ab; ihre Vergangenheit ist einsilbig — ausgenommen sind die Wörter mit Vorsilben; — ihr zweites Mittelwort hat *en*.

Binden — band — gebunden: dringen, finden, klingen, ringen, schlingen, schwinden, singen, sinken, springen.

Schelten — schalt — gescholten: bergen, brechen, gelten, helfen, kommen, nehmen, rinnen, schwimmen.

Bitten — bat — gebeten: essen, fressen, geben, lesen, liegen, messen, sehen, sitzen, stehen, treten.

Biegen — bog — gebogen: bieten, dreschen, flechten, fliegen, fliehen, fließen, frieren, gießen, heben, kriechen.

Greifen — griff — gegriffen: kneifen, leiden, reißen, schleichen, schleifen, schneiden, streiten.

Bleiben — blieb — geblieben: leihen, meiden, preisen, reiben, scheinen, schreiben, schreien, treiben, weisen.

Blasen — blies — geblasen: braten, fallen, halten, hauen, heißen, laufen,

WORTLEHRE 19

rufen.

Fahren — fuhr — gefahren: backen, graben, schaffen, schlagen, tragen, wachsen, waschen etc.

§. 26. III. *Gemischte Biegung der Zeitwörter.*

Die Zeitwörter dieser Biegung haben Ablautung und Umendung:
Brennen — brannte — gebrannt: kennen, nennen, rennen.
Senden — sandte — gesandt: wenden.
Denken — dachte — gedacht: bringen.
Dürfen: ich darf, dürfe, durfte, gedurft.
Können: ich kann, könne, konnte, gekonnt.
Mögen: ich mag, möge, mochte, gemocht.
Sollen: ich soll, solle, sollte, gesollt.
Wollen: ich will, wolle, wollte, gewollt.
Müssen: ich muß, müsse, mußte, gemußt.
Wissen: ich weiß, wisse, wußte, gewußt.

* * * * *

Bemerkungen.

1. Die *zielenden Zeitw.* werden mit haben verbunden. Die *ziellosen Zeitw.* werden theils mit sein, theils mit haben verbunden. Einige Zeitw. haben *sein* und *haben*: ich bin gefahren; ich habe gefahren. Die Zeitw. *begegnen, folgen, weichen, gehen, kommen, fliehen, fliegen, wachsen, sterben* etc. werden mit *sein* verbunden.

2. Die *Vergangenheit* (Imperf.), *vollendete Vergang.* (Plusq.) und *vollendete Zukunft* (Fut. II.) werden auch *bezügliche Zeiten* (relative) genannt, weil der Sprechende seine Aussage auf eine andere Aussage bezieht: Die Knaben spielten, als der Lehrer kam. Johann der muntre Seifensieder hatte oft gesungen, ehe ihn der Reiche störte. Der Winter wird vergangen sein, ehe du es ahnst. Die *Vergangenheit* (Imperf.) ist die Zeit, in welcher in der Regel erzählt wird: Die Schlacht blieb lange unentschieden. In diesem Falle wird sie auch unbezüglich gebraucht.

3. a. Sprechen wir ein Urtheil als bestimmt, als unabhängig, als Thatsache aus, so gebrauchen wir die *Wirklichkeitsform*: Er lobt den Schüler.

   b. Führen wir aber an, was Jemand sagt, glaubt, oder sprechen wir einen Zweifel, eine Vermuthung, einen Wunsch oder eine Bedingung aus, so gebrauchen wir die *Möglichkeitsform*: Man weiß nicht, daß er den Schüler lobe. Ich glaube, daß er kommen werde. Sehe Jeder, wie er's treibe! Wen da dürstet, der komme zu mir und trinke! Er wünschte, daß er genese. Er arbeitet, damit er esse. Ginge er doch fort! Wenn er fleißiger wäre (sein würde), könnte er vorwärts kommen.

c. Fordern wir Jemanden auf, daß er etwas thue, gebieten wir ihm etwas, so gebrauchen wir die *Befehlsform*: Geh' fort! Hole Wasser!

Anm. Da die sogenannte Bedingungsform (Conditionalis) auch eine Möglichkeit ausdrückt, so hielten wir es nicht für angemessen, die Möglichkeitsform zu zerstückeln und die in dieser Beziehung herrschende Sprachverwirrung in die Volksschule zu bringen. Auch hätten wir, bei Aufnahme des Conditionalis, den Optativ, überhaupt eine strengere Eintheilung des Conjunctiv, nicht vergessen dürfen.

§. 27. *Die Zeitw. erfordern oft bestimmte Fälle.* Es haben den 2. Fall:

1. achten, bedürfen, begehren, entbehren, ermangeln, erwähnen, gedenken, harren, lachen, leben, pflegen, schonen, spotten, vergessen, warten.

Bei den meisten dieser Zeitw. setzt man auch den 4. Fall mit oder ohne Verhältnißw.

Der Mann achtet *der Gefahr* nicht, und der Mann achtet *die Gefahr* nicht. Der Kranke bedarf *des Arztes*, und der Kranke bedarf *den Arzt*. Die Anklage entbehrt *jeder Begründung*.

2. Die *zurückzielenden* Zeitwörter:
  sich annehmen, bedienen, befleißigen, bemächtigen, enthalten, entledigen, entschlagen, entsinnen, erbarmen, erinnern, erwehren, freuen, rühmen, schämen, wehren.

Ein *guter Christ* nimmt sich des *Nothleidenden* an. Bediene dich *des Ausdrucks* nicht! Er wehrte sich *seiner Haut*.

§. 28. Den 3. Fall erfordern:

1. Auf die Frage: *wem ist worden?* die Zeitw., die eine *Leideform mit dem 3. Fall bilden*; z. B. mir, dir, ihm etc. ist geantwortet worden:
  aufwarten, antworten, begegnen, befehlen, bestehen, beistimmen, beiwohnen, drohen, danken, dienen, fluchen, folgen, fröhnen, gehorchen, genügen, glauben, helfen (mit allen Zusammensetzungen), huldigen, lohnen, nachgehen, nützen, rathen, schaden, schmeicheln, steuern, trotzen, vorstehen, weichen, widerstehen, widersprechen, winken, zustehen.

Womit kann ich *Ihnen* aufwarten? Danke *dem Vater*!

Hierher gehören noch viele Zeitwörter, die mit den Verhältnißwörtern *an, auf, bei, entgegen, nach, unter, vor* und *zu* zusammengesetzt sind.

2. Folgende Zeitwörter ohne Leideform mit dem 3. Fall:
  ähneln, anstehen, belieben, behagen, bekommen, blühen, einleuchten,

entgehen, entfallen, entfliehen, entsagen, erliegen, erscheinen, fehlen, gebühren, gefallen, gelingen, gerathen, gereichen, gleichen, mangeln, munden, nahen, passen, scheinen, schmecken, widerfahren, ziemen, zuhören.

Der Sohn ähnelt *dem Vater*. Der Vorschlag steht *ihm* nicht an.

3. Die *unpersönlichen* Zeitwörter:
    es ahnt, ekelt, gebricht, graut, liegt daran, schaudert, schwindelt, träumt.

Es ahnt *mir*, daß er kommen werde. Es ekelt *mir* vor der Speise.

4. Die *zurückzielenden* Zeitwörter:
    sich anmaßen, ausbedingen, denken, einbilden, erbitten, getrauen, vornehmen, vorstellen, merken.

Du maßest *dir* zuviel an. Ich bedinge *mir* die Benutzung des Gartens aus.

§. 29. Den 4. Fall erfordern:

1. Die *zurückzielenden* Zeitwörter:
    sich ängstigen, ärgern, betrüben, bekümmern, besinnen, erholen, erinnern, freuen, grämen, irren, schämen, täuschen.

Hast *du dich* meinetwegen geängstigt?

2. Die *unpersönlichen* Zeitwörter:
    es befremdet, befällt, betrifft, dauert, dürstet, dünkt, däucht, friert, gelüstet, geht mich an, hungert, jammert, juckt, kümmert, reut, schläfert, schmerzt, sticht, schwitzt, verdrießt, verlangt, wundert.

Es befremdet *mich*, daß du jetzt zurückgezogen lebst.

3. Alle *Zeitwörter*, bei denen man auf die Frage: *Wem ist worden?* keine — wohl aber auf die Frage: *Wer ist worden?* eine Antwort geben kann. Der im 4. Fall stehende Gegenstand, der geworden ist, heißt der *leidende (regierte) Gegenstand* (Object).

Steht noch ein zweiter Gegenstand (*betheiligter Gegenstand*) (Terminativ) bei ihnen, dem etwas geworden ist, so steht dieser auf die Frage: *Wem ist geworden?* oder: *Für wen?* — *Wem zum Nutzen? wem zum Schaden* ist etwas geworden? im 3. Fall.

Der Vater besucht *den* Freund.
Wer ist besucht worden? der Freund, folglich: den Freund besuchen.

Der Vater schenkt *dem* Knaben das Buch.
Was ist geschenkt worden? das Buch. Wem ist es geschenkt worden? dem Knaben. Für wen ist es geschenkt worden? für den Knaben = dem Knaben. Wem zum Nutzen ist es geschenkt worden? dem Knaben zum Nutzen ist es geschenkt

worden. Bezeichnet der 4. F. eine Sache, der 3. F. eine Person, so sagt man: Bei dem Zeitworte steht der 4. Fall der Sache und der 3. Fall der Person.

Zielende Zeitwörter sind:

loben, lieben, schlagen, stoßen, finden, sehen, bitten, necken, tadeln, bestrafen, verehren, kennen, retten, ziehen, beneiden, abholen, erfreuen, verachten, führen, fragen, ertappen, fangen, unterstützen, verlassen, tödten, betrügen, auffordern, belohnen, wecken, heilen, umstürzen, plagen, tragen, vorstellen etc.

abbitten, abdringen, abgewöhnen, abschlagen, auftragen, aufbinden, borgen, geben, geloben, gönnen, glauben, leihen, leisten, liefern, melden, nehmen, rauben, reichen, senden, schlachten, schenken, wünschen, vorlegen, vorziehen, vorsagen, verkaufen, bringen, aufbewahren, überbringen, erzählen, mittheilen, erlauben etc.

§. 30. 1. Den 4. Fall *der Person* und den 2. Fall *der Sache* erfordern:

anklagen, belehren, berauben, beschuldigen, entlassen, entsetzen, überführen, verweisen, würdigen, zeihen.

Man klagt *ihn des Verraths* an. Er *belehrt mich eines Bessern*. Er wurde *des Landes* verwiesen.

2. Einen doppelten 4. Fall erfordern:

nennen, heißen, schimpfen, schelten, taufen, lehren.

Er nannte *ihn einen Narren*. Er lehrt mich *die deutsche Sprache*.

Anm. Bei „lehren" wird auch der 3. Fall der Person gebraucht: Er lehrt *mir* die deutsche Sprache. Folgt aber ein Zeitwort in der Grundform, so darf nur der 4. Fall stehen: Er lehrt *mich* lesen.

§. 31. Einige Bemerkungen:

1. *Lassen* hat den 4. F. bei sich, wenn die Person (sprechende Person) selbst die handelnde ist, z. B. Laß *mich* das Buch vorlesen; d. h. ich will es vorlesen. Der 3. Fall steht, wenn ein Anderer der Handelnde sein soll, z. B. Laß *mir* das Buch vorlesen; d. h. ein Anderer soll es mir vorlesen.

2. *Kosten* hat stets den 3. Fall der Person. Das Buch kostet *mir* einen Thaler.

3. Steht *heißen* für „befehlen," so hat es den 3. Fall: Kein Mensch hat *ihm* diese Thorheit geheißen. Folgt aber ein Zeitw. in der Grundform (Infinitiv), so steht der 4. F. Wer hieß *dich* weggehen? —

4. *Gelten* hat den 3. Fall, wenn es gleichbedeutend ist mit „werth sein": Mir gilt *die ganze Welt* Nichts. Die Rede gilt *dir*. Steht es aber für „erfordern" und

„kosten", so hat es den 4. Fall: Hier gilt es *Entschlossenheit*. Der Stock gilt *einen Thaler*.

5. Er schlägt mir die Hand roth. Es friert mir der Finger. Ich wasche mir die Hände. — Er tritt mir auf das Kleid. Es regnet mir in's Gesicht. Die Thränen treten ihm in die Augen. Er tritt mir auf den Fuß. Dem geschenkten Gaul sieht man nicht in's Maul. Gebratene Tauben fliegen Einem nirgends in den Mund. Der Regen schlägt mir in's Gesicht.

6. Bei *versichern* steht entweder der 4. Fall der Person und der 2. F. der Sache, oder der 3. F. der Person und der 4. F. der Sache: Ich versichere *sie meiner Freundschaft*. Ich versichere *ihnen die Wahrheit* — oder: ich versichere *ihnen*, daß es wahr ist.

7. Bei *trauen* steht der 3. Fall, wenn es gleichbedeutend ist mit „Glauben schenken", der 4. Fall, wenn von der priesterlichen Trauung die Rede ist: Ich kann *ihm* nicht mehr trauen (Glauben schenken). Der Prediger traute *das Brautpaar*.

8. Mit *gratuliren* und *condoliren* wird der 3. Fall verbunden: Ich gratulire *dir* = Ich wünsche *dir* Glück. Ich condolire *Ihnen* = Ich bedaure Sie, bezeige Ihnen mein Beileid.

9. Dieses Bild ist schön *gemalt*. Das Mehl ist fein *gemahlen*.

10. Der Lehrer *lehrt* die Schüler. Die Schüler *lernen* vom Lehrer.

VIII. Umstandswörter.

§. 32. Die *Umstandswörter* bestimmen die *Zeit-* und *Eigenschaftsw.* näher. Sie können sein:

1. Umstandsw. des *Ortes*. Wo? Wohin? — da, dort, draußen, drinnen, droben, drüben, hier, her, hin, überall, vorn, hinten, rechts, links, oben, unten, hinaus, hinein, vorwärts etc.

2. Umstandsw. der *Zeit*. Wann? — bald, immer, häufig, oft, dann, einst, selten, nie, niemals, jetzt, nun, eben, neulich, kürzlich, ehemals, sonst, sofort, heute, morgen, gestern, schon etc.

3. Umstandsw. der *Weise*. Wie? — gern, sehr, recht, ungemein, besonders, vorzüglich, fast, beinahe, kaum, genug, zu sehr, ganz, merklich, ziemlich etc.

> *Anm.* Die meisten Eigenschaftsw. können Umstandsw. der Weise sein, und als solche können sie gesteigert werden. Z. B. Dieser Knabe geht langsam, jener geht langsamer, du gehst am langsamsten.

4. Umstandsw. der *Bejahung* und *Verneinung* auf die Frage: Geschieht Etwas oder geschieht es nicht? — ja, freilich, allerdings, vermuthlich, vielleicht,

allenfalls, gewiß, wirklich, wohl, — nein, nicht, keineswegs etc.

    5. Umstandsw. der *Frage*: wie? wo? wohin? wozu? womit? etc.

        Anm. 1. Er ist den ganzen Tag *umher* gelaufen. Der Becher ging bei dem Mahle *herum*.

        Anm. 2. Komm doch *herein*! Soll ich zu dir *hinaus* kommen? Er ist eben *hinunter* gegangen.

        Anm. 3. Eine *doppelte Verneinung* darf nicht angewendet werden, weil dadurch die Behauptung wieder bejaht wird. Man darf also nicht sagen: Ich habe *kein* Geld *nicht*.

IX. Bindewörter.

§. 33. Die Bindew. verbinden theils Wörter, theils Sätze mit einander. Sie können sein:

    A. *Bindewort der Beiordnung* (coordinirende).

        1. Der *Anreihung* (copulative): und, auch, nun, sowohl — als auch, nicht nur — sondern auch, theils — theils, je — desto, zuletzt, erstlich, erstens, ferner, nicht allein — sondern auch, endlich, dann, nicht bloß — sondern auch, außerdem, dazu.

        2. Der *Entgegnung* (adversative): aber, allein, doch, dennoch, jedoch, oder, entweder — oder, dagegen, vielmehr, indessen, dessenungeachtet, weder — noch, nicht — sondern, wenn — so, hingegen, gleichwohl, sonst, bald — bald.

        3. Des *Grundes* (causale): denn, deßwegen, darum, dann, daher, folglich, somit, minb, demnach, also, nämlich, als, deshalb.

    B. *Bindew. der Unterordnung* (subordinirende): daß, damit, weil, da, als, indem, nachdem, indeß, während, ehe, bevor, seit, seitdem, bis, so lange als, so, so wie, gleichwie, als ob, so daß, ohne daß, auf daß, wenn, falls, obgleich, wenngleich, wiewohl, wie sehr auch, seitdem daß, darum, als wenn, obschon, unterdeß, wenn schon, sobald, wofern, dahin — wohin, daher — woher, da — wo, je — desto.

X. Empfindungswörter.

§. 34. Die Empfindungsw. bezeichnen laute Ausbrüche der Freude, des Schmerzes, der Furcht, des Verlangens etc.

    ach! ei! heißa! juchhei! o! holla! husch! pfui! o weh! knacks! piff! paff! plumps! he! heda!

Satzlehre.

§. 35. Die Menschen können *denken*; sie haben *Gedanken*. Ein ausgesprochener oder niedergeschriebener Gedanke heißt ein Satz. Ein Satz kann enthalten:

1. Eine *Behauptung*, ein Urtheil, eine Erzählung:

Müßiggang ist aller *Laster* Anfang. Uebermuth thut selten gut. Hans nährte sich vom Schiebekarren.

Nach solchen Sätzen steht ein Punkt.

2. Eine *Frage*:

Wie geht es Euch? Wie fangt ihr's an? Hört ihr's wimmern hoch vom Thurm?

Nach einem Fragesatz steht ein Fragezeichen; ist die Frage aber nicht bestimmt ausgesprochen, so steht ein Punkt.

Er fragte, wie es ihm gehe.

3. Einen *Wunsch*, Rath, eine Bitte, Aufforderung, Ermahnung, Ermunterung:

Nur unterlaßt mir den Gesang! Friede sei ihr erst Geläute!

4. Einen *Befehl* — Gebot oder Verbot:

Fahr zu, Johann! Setzt euer Licht hierher!

5. Einen *Ausruf* — der Bewunderung, des Unwillens, Bedauerns, Schmerzes, Schreckes, der Freude, Behauptung etc.

Gevatter! ihr seid nicht gescheidt! O, welch ein Mensch!

Nach einem Wunsche, Befehle und Ausrufe steht ein Ausrufungszeichen.

§. 36. Es giebt:

a. *einfache* Sätze:

Der Vater schreibt.

b. *erweiterte* (ausgebildete oder ergänzte) Sätze:

Der Vater schreibt den Brief.

c. *zusammengesetzte* Sätze:

Der Vater schreibt den Brief, und die Mutter liest die Zeitung.

Die Glieder (Theile) des einfachen und erweiterten Satzes sind immer nur Wörter, die Glieder des zusammengesetzten Satzes sind aber Sätze.

I. Der einfache Satz.

§. 37. Jeder *einfache* Satz besteht nur aus *Gegenstand* und *Aussage* (Subject und Prädicat).

Den *Gegenstand* des Satzes finde ich dadurch, daß ich mit dem Zeitworte die Frage: *Wer?* oder *Was?* verbinde. Er steht immer im 1. Falle und wird durch ein *Hauptwort* oder durch einen *Stellvertreter* desselben bezeichnet.

Der *Baum* blüht. *Du* bist ein Kind. *Malen* ist eine Kunst. *Aber* ist ein Bindewort. *Schwarz* ist die Trauerfarbe.

Wie heißt im 1. Satz das Zeitwort? blüht. Wer blüht? der Baum = Gegenstand des Satzes.

> *Anm.* Zuweilen kündigt man den Gegenstand durch das Wörtchen „es" an, giebt ihn aber später bestimmter. Z. B. Es reden und träumen die Menschen viel etc.

§. 38. Die *Aussage* findet man auf die Frage:

a. *Was thut* ein Gegenstand oder was *wird* mit einem Gegenstande *gethan*?

b. *Wie* ist ein Gegenstand?

c. *Was* ist ein Gegenstand?

Sie kann ausgedrückt werden:

a. durch ein *Zeitwort* in der That- und Leideform;

b. durch ein *Eigenschaftswort*, einen Umstand mit dem Hülfszeitwort;

c. durch ein *Hauptwort* und *Hülfszeitwort*.

Der Lehrer *lobt*. Der Schüler *wird gelobt*. Der Sommer ist *heiß*. Der Sturm ist *vorüber*. Mit unsrer Freundschaft ist es *aus*. Du bist *im Irrthum*. Der Knabe ist (befindet sich) *auf der Wiese*. Gott ist *ein Geist*. Der Soldat wird *ein Held*. Der Bruder bleibt (ist) *mein Nachbar*.

SATZLEHRE

§. 39. 1. Der *Gegenstand* kann stehen:
   a. in der *Einzahl* und *Mehrzahl*;
   b. in drei *verschiedenen Personen*:
      Ich schreibe, du schreibst, er schreibt, wir schreiben etc.

2. Die *Aussage* kann stehen:
   a. in der *Gegenwart, Vergangenheit* u. *Zukunft*;
   b. in der *Wirklichkeits-*, *Möglichkeits-* und *Befehlsweise*.

3. *Gegenstand* und *Aussage* stehen immer in *gleicher* Zahl und Person.

Der Vater geht. Die Väter gehen.

4. *Zwei* und *mehrere Gegenstände* erfordern die Aussage in der *Mehrzahl*.

Der Vater und die Mutter gehen aus.

5. Bei der Frage nach dem Gegenstande hat man auf Person und Zahl, bei der Frage nach der Aussage auf Zeit und Aussageweise zu achten:

Wer blüht? Wer hat geblüht? Wer wird blühen? — Was thut der Baum? Was hat der Baum gethan? Was kann der Baum thun?

II. Der erweiterte Satz.

§. 40. Werden *Gegenstand* oder *Aussage* des einfachen Satzes, oder beide zugleich *näher bestimmt* (erweitert, ergänzt, ausgebildet) so erhält man den *erweiterten* Satz.

A. Nähere Bestimmungen des Gegenstandes.

Sie antworten auf die Frage: welcher, e, es, und sind somit *eigenschaftlichen* Characters.

Der *Gegenstand des Satzes* kann näher bestimmt werden:

1. Durch ein *Fürwort*:

   Dieser (jener, dein) Baum blüht. *Derselbe* Mann war es.

2. Durch ein *Eigenschaftswort*:

   Der *große* Baum blüht. Ein *gutes* Gewissen ist ein sanftes Ruhekissen.

3. Durch ein *Zahlwort*:

   Der *dritte* Baum blüht. *Drei* Bäume blühen. *Aller* Anfang ist schwer.

4. Durch ein *Hauptwort* im 1. Fall:

   Kaiser *Karl* lebte zur Zeit Luthers. Friedrich der *Große* erbaute Sanssouci. Sechs Loth *Zucker* kosten einen Silbergroschen. Bruder *Fritz* ist verreist. Doctor *Mai* ist angekommen.

5. Durch ein *Hauptwort* im 2. Fall:

   Der Baum *meines Bruders* blüht. Die Furcht *des Herrn* ist der Weisheit Anfang.

6. Durch einen *Umstand*, der auch durch ein Verhältnißwort mit seinem Fall ausgedrückt werden kann:

   Der Garten *dort so hübsch* etc. Der Baum *in der Stube* blüht. Ketten *von Gold* drücken oft schwer. Ein Sperling *in der Hand* ist besser, als eine Taube *auf dem Dache*.

7. Durch ein *Zeitwort* in der *Grundform*:

   Die Lust zu *sterben* ist selten.

   Anm. Das Eigenschaftswort kann stets durch ein Umstandswort oder ein Verhältnißwort mit seinem Falle näher bestimmt werden. Z. B. Die *mit Anlagen* begabten Schüler. Die *recht* gute Schrift.

B. *Nähere Bestimmungen der Aussage.*

§. 41. a. *Die Aussage* kann, wenn sie durch ein *Hauptwort mit dem Hülfszeitwort sein* ausgedrückt wird, durch die Bestimmungen des Gegenstandes erweitert werden.

Ueberhaupt können Hauptwörter, die in einem Satze vorkommen, die 7 Bestimmungen des Gegenstandes annehmen.

Hunger ist der *beste Koch*. Müßiggang ist *aller* Laster Anfang. Dienstjahre sind *keine* Herrenjahre. Thorheit ist *eine Schwester* der Dummheit.

§. 42. b. Besteht die Aussage aus einem Zeitwort oder Eigenschaftswort, so kann sie *näher bestimmt* werden:

a) Durch Bestimmungen *gegenständlichen* Charakters.

1. Durch den 4. Fall (*regierter* oder *leidender Gegenstand* = *Object*):

   Ein faules Ei verdirbt *den ganzen Brei*. Böse Gesellschaft verdirbt gut' *Sitte*. Uebung macht *den Meister*. S. §. 29.

SATZLEHRE

2. Durch den 4. u. 3. Fall. (3. Fall=*betheiligter Gegenstand*):

   Der Mann schenkt *dem Knaben* eine Birne. Die Mutter verbietet *dem Kinde* das Naschen. Der Krieg nimmt *dem Lande* seine Söhne. S. §. 29.

3. Durch den 4. u. 2. Fall. (2. Fall = bewirkender Gegenstand):

   Der Dieb beraubt *mich meines Geldes*. S. §. 30. 1.

4. Durch zwei 4. Fälle:

   Er nannte *ihn einen Narren*. Herr, lehre *mich deine Steige*! Wer lehrt *das Auge seine Pflicht*? Herr, lehrt *mich bess're Sachen*! S. §. 30. 2.

5. Durch den 3. Fall:

   Der Schüler antwortet *mir*. Der Knabe ist *ihm* ähnlich. *Peter dem Großen* wurde die Bildung seines Volkes sehr schwer. S. §. 28.

6. Durch den 2. Fall:

   Ich bedarf *seiner* nicht. Ich bin *meiner Sache* gewiß. Eigner Herd ist *Goldes* werth. Tugend bedarf *keines Ausrufers*. S. §. 27.

b. Durch Bestimmungen *umständlichen* Charakters.

7. Durch einen *Umstand des Ortes*:

   Der Fisch lebt *im Wasser*. Treue Hand geht *durch's ganze Land*. Der Knabe spielt *hier*, *dort* etc. Man suchte ihn *aller Orten*. S. §. 32. 1.

8. Durch einen *Umstand der Zeit*:

   Die Bäume blühen *im Frühling*. Die Bäume blühen *jetzt*. *Des Morgens* schläft er und *des Abends* ist er munter. Rom ist nicht *in einem Tage* erbaut. S. §. 32. 2.

9. Durch den *Umstand der Weise*:

   Ich singe dir *mit Herz und Mund*. Der Schüler singt *rein* und *richtig*. Zwei harte Steine mahlen *nicht* gut. Er mußte *stehenden Fußes* umkehren. S. §. 32. 3.

10. Durch einen *Umstand des Grundes*:

    Der Knabe weint *vor Schmerz*. *Gesundheitshalber* giebt er die Arbeit auf.

Anm. Die Umstände des Ortes, der Zeit und der Weise können ausgedrückt werden durch:

a. Verhältnißwörter mit ihren Fällen;
   b. Umstandswörter;
   c. Fälle der Hauptwörter.

Der Umstand des Grundes kann nur durch ein Verhältnißwort mit seinem Falle ausgedrückt werden.

11. Durch ein Zeitwort in der *Grundform*:

   Ich höre ihn *kommen*. Er hat mich *gehen* heißen. Der Freund hat ihm *schreiben* helfen.

Mehrere Bestimmungen.

§. 43. *Gegenstand und Aussage* können durch mehrere *verschiedene* Bestimmungen (Ergänzungen) zu gleicher Zeit ausgebildet werden. Zwischen ihnen steht kein Zeichen.

Dieser freundliche Sohn meiner vielgeliebten Tante schenkte jenem armen Knaben am ersten Weihnachtstage auf dem Weihnachtsmarkte diesen recht warmen Anzug. Der fleißige Knabe aus dem benachbarten Dorfe schreibt morgen früh um acht Uhr in der obern Schule seinem Vetter in der Stadt einen sehr langen Brief zum nächsten Geburtstage.

Werden sie jedoch durch *gleichartige* Bestimmungen erweitert, so steht zwischen diesen ein Komma, wenn sie nicht durch „*und*" verbunden sind:

   Marie war eine klare, heitere, thätige und wackere Schülerin.

III. Der zusammengesetzte Satz.

§. 44. Jeder *zusammengesetzte Satz* besteht aus einfachen oder erweiterten Sätzen oder aus beiden zugleich. Sind diese Sätze von einander unabhängig — ist jeder einzelne für sich verständlich, — so nennt man sie beigeordnet (coordinirt):

   Friede ernährt; Unfriede verzehrt.

Sind sie aber von einander *abhängig* — kann der eine ohne den andern nicht verstanden werden, — so sind sie einander *über-* und *untergeordnet*:

   Wer Gutes thut, hat frohen Muth.

Die übergeordneten (superordinirten) Sätze heißen — sind sie unabhängig — *Hauptsätze*, die untergeordneten (subordinirten) heißen *Nebensätze*.

1. Hauptsätze sind Hauptsätzen beigeordnet:

   Der Knecht hat erstochen den edlen Herrn; der Knecht wär' selber ein Ritter gern. Mit Vielem hält man Haus; mit Wenigem kommt man aus.

2. Nebensätze sind Nebensätzen beigeordnet:

Wenn du deinen Beruf treu erfüllst; wenn du den Gesetzen des Landes gehorchst: so soll Niemand dir ein Leid zufügen.

3. Hauptsätze sind Nebensätzen übergeordnet.

4. Nebensätze sind Hauptsätzen untergeordnet:

Und als er die güldenen Sporen ihm gab, da schleudert's ihn wild in den Strom hinab.

5. Nebensätze können Nebensätzen über- und untergeordnet sein. Es giebt also Nebensätze ersten, zweiten u. s. w. Ranges:

Den schlechten Mann muß man verachten, der nie bedacht, was er vollbringt.

A. *Beigeordnete Sätze.*

§. 45. 1. *Beigeordnete Sätze* werden gar nicht oder durch Bindewörter der Beiordnung verbunden. S. §. 33. A.

2. Zwischen beigeordneten Sätzen — sind sie nicht sehr kurz — steht ein Semikolon (;), ausgenommen vor „*und*" und „*oder*", vor diesen steht ein Komma.

Sie können sein:

1. *Anreihend*:

Redlich sei des Herzens Grund; redlich spreche stets der Mund. Jede Stund' ist wichtig; Müßiggang ist nichtig. Töne entlockt er der Flöte *und* das Echo des Berges wird wach. Im Herbste werden die Tage kürzer; *auch* kühlt sich die Luft immer mehr ab. Dort nahet der Feind; *nun* laßt uns wacker kämpfen! Zuerst beginnt der Tag zu dämmern; *dann* verlieren die Sternlein ihren Glanz; *zuletzt* erscheint die Sonne in ihrer Purpurpracht. *Nicht nur* suchte ich ihn im Felde; *sondern* mein Bruder durchlief auch den Wald.

2. *Entgegenstellend*:

Heute wird *entweder* jenes Gras gemäht, *oder* dieses Holz wird eingefahren. Schönheit verläßt uns bald; *aber* ein getreues Herz bleibt uns. Die Biene ist zwar ein kleines Thier; *allein* sie kann große Schmerzen verursachen.

3. *Begründend*:

Wo ihr wohnet, da verschönet jedes gute Herz den Ort; *drum* verweilet froh und eilet nur so bald nicht wieder fort. Das Glas ist spröde; *daher* läßt es sich nicht biegen. Der Mensch kann das Gute thun und das Böse lassen; *denn* er hat freien Willen. Ich hatte schon einem Andern mein Wort gegeben; *deßhalb* konnte ich deinem Wunsche nicht nachkommen.

Zusammengezogene Sätze.

§. 46. Gehören in *beigeordneten* Sätzen *mehrere* Gegenstände (Subj.) zu *einer* Aussage (Praed.), oder *mehrere* Aussagen zu *einem* Gegenstande, so hat man *zusammengezogene Sätze*:

Grobheit und Stolz wachsen auf einem Holz. Hoffen und Harren macht Manchen zum Narren. Bewegung, Mäßigkeit und Ruh' schließt dem Arzt die Thüre zu. Einige Blumen blühen im Sommer, andere blühen im Herbste. Der Fuchs ist schlau, listig und raubgierig. Er kam, sah' und siegte. Nadelhölzer sind: Tannen, Fichten, Kiefern etc. Fleiß bringt Brod, Faulheit Noth. Roggen wird entweder geschnitten oder gemäht. Verschlossener Mund und offene Augen haben noch Niemandem geschadet. Sammet und Seide löschen das Feuer in der Küche aus.

Anm. In den zusammengezogenen Sätzen steht vor „*und*" und „*oder*" kein Komma.

B. *Nebensätze.*

§. 47. Der *Nebensatz* steht immer an der Stelle eines Satzgliedes und kann in ein solches verwandelt werden.

Die Nebensätze werden durch die Bindewörter der Unterordnung mit den Hauptsätzen verbunden. S. §. 33. B.

Da es dreierlei nähere Bestimmungen giebt, so giebt es auch dreierlei Nebensätze.

1. Eigenschaftssätze.

Die Nebensätze können stehen für *eigenschaftliche Bestimmungen* = *Eigenschaftssätze* (Adjectiv-, Relativ-Sätze). Sie werden mit dem Hauptsatze in der Regel durch die zurückbeziehenden Fürwörter: welcher, e, es; der, die, das, auch wohl durch: *wo, wann, wie*, verbunden:

Nichts ist so elend, als ein Mann, der Alles will, und der Nichts kann. = Nichts ist so elend, als ein Alles *wollender* und *Nichts könnender* Mann. Die Sterne, welche ihr eigenes Licht haben, heißen Fixsterne.

2. Gegenstandssätze.

§. 48. Die Nebens. können stehen für gegenständliche Bestimmungen = *Gegenstandssätze* (Substantiv-Sätze) und werden mit dem Hauptsatze in der Regel durch: *daß, ob, wer, was, wo, wann, wie* etc. verbunden. Als solche können sie sein:

a. *Gegenstandssätze* für den 4. Fall (Object-Sätze).

Sage mir, mit wem du umgehst, und ich will dir sagen, was du werth bist. = Sage mir *deinen Umgang*, und ich will dir *deinen Werth sagen*. Wer läuft, den jagt man. Wer *hoch* steht, den sieht man.

1. Hierher gehören auch die Sätze, die angeben, was Jemand sagt, meint, behauptet etc.

    Solon sagte: Niemand ist vor seinem Tode glücklich.

2. Vor der wörtlich angeführten (directen) Rede steht ein Doppelpunkt. Häufig folgen diesem Doppelpunkt auch noch Anführungsstriche:

    Solon sagte. „Niemand ist vor seinem Tode glücklich."

3. Tritt der Einführungssatz zwischen den Ergänzungssatz, so sind die Zeichen in folgender Weise zu setzen:

    „Niemand", sagte Solon, „ist vor seinem Tode glücklich". — „Komm mit", sprach neulich der Klaus zu mir, „vor dem Thore etc."

4. Führt man die Rede nicht wörtlich (indirect) an, so werden die Sätze durch ein Komma getrennt:

    Solon sagte, daß Niemand vor seinem Tode glücklich sei.

b. *Gegenstandssätze* für den 2. Fall (Genitiv-Sätze):

Der Gedanke, daß Gott gerecht sei, giebt allein dem Menschen Ruhe = der Gedanke *der Gerechtigkeit* Gottes giebt allein etc. Er erinnerte sich, daß er ihn gesehen = seines Anblicks.

c. *Gegenstandssätze* für den 3. Fall (Dativ-Sätze):

Verkündige die Nachricht, wem du zuerst begegnest = *dem dir zuerst Begegnenden*. Wem nicht zu rathen ist, dem ist nicht zu helfen. Wer zürnet, dem reiche kein Messer.

§. 49. d. Auch das Subject kann durch einen Nebensatz ausgedrückt werden = (Subject-Sätze):

Wer Pech angreift, besudelt sich = der Pech *Angreifende* besudelt sich. Wer antwortet auf unnütz Geschrei, der macht aus einem Unglück zwei. Wer nicht hören will, muß fühlen.

3. Umstandssätze.

§. 50. Die *Nebensätze* können stehen für *umständliche Bestimmungen*

(Umstands-, Adverbial-Sätze). Sie können sein:

    a. *Umstandssätze des Ortes:*

        Er starb, wo er geboren war = *an dem Orte* seiner Geburt.

    b. *Umstandssätze der Zeit:*

        Wenn die Sonne scheint, ist unser Zimmer hell = beim Schein der Sonne.

    c. *Umstandssätze der Art und Weise:*

        Wie der Mensch säet, so wird er ernten = *seiner Saat gemäß.*

    d. *Umstandssätze des Grundes:*

        Der Christ liebt und ehrt die Tugend, weil sie Gott gebietet = *um des göttlichen Gebotes* willen.

Satzkürze. Beisatz. Anrede.

§. 51. 1. Fehlen in den *Nebensätzen* Satztheile, so hat man *verkürzte Sätze* (Satzkürzen). Die fehlenden Theile lassen sich leicht ergänzen:

    Es ist ein großes Glück, gute Eltern zu haben = wenn man gute Eltern hat. Des Weges unkundig, verirrte ich mich = da ich des Weges unkundig etc. Allzustraff gespannt, zerspringt der Bogen = der Bogen zerspringt, wenn er etc. Das Recht spricht: Jedem das Seine! Die Liebe: Jedem das Deine! Johann, der muntere Seifensieder, erlernte viele schöne Lieder = Johann, welcher ein munterer Seifensieder war, erlernte etc.

2. Ist im verkürzten Nebensatze, wie in dem letztgenannten Beispiele, die Aussage durch ein Hauptwort ausgedrückt, so hat man einen *Beisatz* (Gleichstand, Apposition). Der Beisatz muß mit dem Hauptworte, zu dem er gehört, in gleicher Zahl und im gleichen Falle stehen:

    Hans Gutgenug, *der bequeme Knecht,* macht seine Sache nur halb und schlecht. Vor der Stimme des Löwen, *des Königs* der Wälder, fürchten sich alle Thiere.

3. Auch die Anrede ist ein verkürzter Satz:

    Gott grüß dich, *Alter,* schmeckt etc. Gott sieht dich, *Kind,* d'rum scheu die Sünd'! *Kind,* wirst du roth, so warnt dich Gott.

Stellung der Nebensätze.

§. 52. 1. Stehen *Nebensätze vor dem Hauptsatze,* so heißen sie *Vordersätze*; der *Hauptsatz* aber heißt *Nachsatz*:

Wer Gutes thut, hat frohen Muth.

2. Stehen sie *zwischen den Theilen des Hauptsatzes*, so heißen sie *Zwischensätze*:

Fritz, der im Gehen recht Zeit zum Lügen fand, log auf die unverschämteste Weise.

3. Stehen sie *nach* dem Hauptsatze, so heißen sie *Nachsätze*:

Es helfen weder Licht noch Brill', wenn das Aug' nicht sehen will.

§. 53. *Nebensätze* werden durch ein *Komma* vom Hauptsatze getrennt; *Zwischensätze* stehen zwischen 2 Komma. Für die verkürzten Nebensätze gilt dasselbe. Es steht also auch der *Beisatz* und die *Anrede* zwischen 2 Komma. Steht die Anrede zu Anfang des Satzes, so folgt ihr ein Komma: Johann, bring' Holz! In Briefen folgt der Anrede auch ein Ausrufungszeichen: Lieber Freund!

Bemerkungen.

1. *Unvollständige Hauptsätze* (elliptische Sätze) sind:

Guten Morgen! Nein! Ja! Feuer! Herein! Achtung geben!

2. Enthalten Sätze nicht nothwendig zum Zusammenhange der Rede gehörende Bemerkungen, so heißen diese *eingeschobene* Sätze und werden zwischen Klammern, Parenthesen oder Gedankenstriche gesetzt:

Der Schelm — ich will ihn zwar nicht schimpfen — der etc.

Auch benutzt man die Parenthese () zur Einschaltung einzelner Wörter.

3. Es giebt auch *abgebrochene* Sätze:

Wenn du nicht gehst, so ....

Die Periode.

§. 54. Mehrere Sätze können eine *Periode* bilden. Es giebt *zwei-* und *mehrgliedrige Perioden*.

Vorder- und Nachsatz werden in einer zweigliedrigen Periode durch ein Semikolon getrennt:

Weil der Westwind über den atlantischen Ocean weht und die Ausdünstungen desselben mit sich führt; so pflegt er uns Regenwetter zu bringen.

Vorder- und Nachsatz werden in einer mehrgliedrigen Periode durch ein Kolon, unter sich aber durch ein Semikolon getrennt:

Wenn du wahrhaft und auf die Dauer glücklich zu sein wünschest; so befleißige dich eines rechtschaffenen Lebens: denn nur der Rechtschaffene vermag in Wahrheit glücklich zu sein.

Satzzeichen.

§.55. Deutlichkeit in Schrift und Rede erfordern es, daß man Zusammengehöriges nicht auseinander reiße, Verschiedenes aber andererseits aus einander halte. Um dieses zu können, bedient man sich der **Satzzeichen** (Interpunction). Diese sind:

A. Satzpausenzeichen.

1. Der **Strich** oder das **Komma** (,);
2. der **Strichpunkt** oder das **Semikolon** (;);
3. der **Doppelpunkt** oder das **Kolon** (:);
4. der **Punkt** (.);
5. der **Gedankenstrich** (—).

Ueber den Gebrauch der Nr. 1–4 ist bereits bei der Satzlehre gesprochen. Der Gedankenstrich steht, um eine größere Pause als den Punkt anzuzeigen, oder um die Aufmerksamkeit des Lesers zu spannen.

§. 56.   B. Satztonzeichen.

1. Das **Fragezeichen** (?);
2. das **Ausrufungszeichen** (!).

Schließen die Satztonzeichen einen Satz, so schreibt man nach ihnen einen großen Anfangsbuchstaben. Weiteres über diese Zeichen findet sich ebenfalls in der Satzlehre.

C. Hülfszeichen.

1. Die **Klammer** oder **Parenthese** [] ();
2. das **Bindezeichen** (-) (=);
3. der **Apostroph** oder das **Häkchen** (') steht für ein ausgelassenes e, ei, i.

Mich dünk't, ich mein', ich glaub', ich dacht' hat manchen guten Gesellen in's Verderben gebracht. Ein blut'ger Kampf! Ich hab' 'nen schweren Stand gehabt.

4. die **Anführungszeichen**, **Gänsefüßchen** („ ");
5. das **Zeichen der abgebrochenen Rede** (…) (— —);
6. das **Zeichen des Abschnittes** oder **Paragraphen** (§).

§. 57.   Wortbildung.

Stamm.	**Ableitung.**	**Zusammensetzung.**
Band	Bändchen	Bandeisen.

A. Ableitungen.

1. **Hauptwörter** durch: er, in, chen, lein, ling, en, ung, niß, muth, sal, ei, e,

keit, heit, schaft, thum (tum), ge.

2. Eigenschaftswörter durch: ig, isch, bar, sam, en, ern, lich, haft, icht.

3. Zeitwörter durch: chen, ken, chten, eln, ern, igen, zen; durch die Vorsilben: be, er, ver, ent, zer, ge, miß, ur.

4. Umstandswörter durch: lich, haft, icht, lings.

B. §. 58. Zusammensetzungen: 1. Bestimmungsw. 2. Grundw.

1. Hauptwörter.

a) Hauptwörter und Hauptwörter (Schulhaus).

b) Hauptwörter und Eigenschaftswörter (Jungfrau).

c) Hauptwörter und Zeitwörter (Wohnhaus).

2. Eigenschaftswörter.

a) Eigenschaftswörter u. Eigenschaftsw. (hellgrün).

b) Hauptwörter u. Eigenschaftswörter (naseweis).

c) Eigenschaftswörter u. Zeitwörter (lernbegierig).

3. Zeitwörter mit: an, auf, aus, bei, durch, ein, mit, nach, um, unter, über, vor, ab, voll, wieder, dar, fort, heim, hin, her, weg.

4. Zusammengesetzte Umstandswörter.
Ebendaselbst, himmelwärts etc.

Eine Wörterfamilie: *Ziehen*.

Der *Zug*, der Truppenzug, der Zugvogel, der Gesichtszug, die Ziehung; die *Zucht*, die Kinderzucht, der Zögling, die Bienenzucht; *züchtigen*, die Züchtigung, der Züchtling, die Züchtlingsarbeit, das Zuchthaus, die Zuchthausarbeit, der Zuchtmeister, die Zuchtruthe, züchtig, züchtiglich; *abziehen*, der Abzug; *anziehen*, der Anzug, die Anziehung, die Anzüglichkeit; *aufziehen*, der Aufzug, die Aufzieherei; *ausziehen*, der Auszug, der Auszieher; *beziehen*, der Bezug, die Beziehung, beziehlich, bezüglich; *durchziehen*, der Durchzug; *einziehen*, der Einzug, die Einziehung; *entziehen*; *erziehen*, die Erziehung, der Erzieher, die Erziehungsschule, erziehungskundig; *nachziehen*, der Nachzug, der Nachzügler; *umziehen*, der Umzug; *verziehen*, der Verzug; *vorziehen*, der Vorzug, vorzüglich, die Vorzüglichkeit; *überziehen*, der Ueberzug etc.

Rechtschreibung — Orthographie.

§. 59. 1. Ein **Wort** hat eine oder mehrere **Silben**. **Eine Silbe** besteht aus **Lauten**. Die **Laute** sind entweder **Selbstlaute** oder **Mitlaute** (Vocale oder Consonanten).

2. Die Selbstlaute können sein:

    a. Grundlaute: **a, e, i, o, u — y**;
    b. Umlaute: **ä,**   **ö, ü**;
    c. Doppellaute: **au**, **äu**, **eu**, **ei**, **ai**.

Die Mitlaute heißen: b, c, d, f, g, h, k, l, m, n, p, q, r, ſ, s, t, v, w, x, z, j, ch, sch, ß.

3. Steht der Mitlaut vor dem Selbstlaute, so heißt er *Vorlaut*; steht er nach dem Selbstlaute, so heißt er *Nachlaut*. Ein Wort hat soviel Silben, als es Selbstlaute hat. Die Zeichen für die Laute heißen Buchstaben. Die Gesammtheit der einfachen Buchstaben nennt man das A-be-ce oder Alphabet.

§. 60. 1 Löse jeden Satz in seine Wörter, jedes *Wort* in seine Silben und jede *Silbe* in ihre Laute auf; setze für jeden Laut den entsprechenden *Buchstaben*; sieh auf die *Ableitung*, beachte die *Verlängerung*, und richte dich nach dem *Sprachgebrauch*.

2. Hat ein Wort a, o, u oder au, so erhält das abgeleitete ä, ö, ü oder äu.

Bach — Bäche; Sohn — Söhne; Tuch — Tücher; Baum — Bäume.

3. Weißt du nicht, ob du zum Schlusse eines Wortes **b** oder **p**, **d** oder **t**, **g**, **ch** oder **k**, **s**, **ß** oder **z** setzen sollst, so verlängere das Wort.

Korb — Körbe; plump — plumper; Wald — Wälder; kalt — kälter; Gang — Gänge; Storch — Störche; Bank — Bänke; Gans — Gänse; Fuß — Füße; Kranz — Kränze.

4. Zu Anfang einer Silbe steht das lange „ſ"; zum Schluß einer Silbe steht das „s". Folgt „t" auf „s", so wird in der Regel auch als Nachlaut „ſt" geschrieben.

Mäu-ſe, Mäus-chen, Aus-ſicht, Kunſt, daſſelbe, deßhalb.

§. 61. Die *Dehnung* der Selbstlaute **a**, **e**, **o** wird oft durch **aa**, **ee**, **oo** bezeichnet. Geht der Selbstlaut in den Umlaut über, so schwindet die Verdoppelung.

aa: Aal, Aar, Aas, baar, Haar, Maal, Paar, Saal, Saat, Staat, Waare, Härchen, Pärchen, Säle.

ee: Allee, Armee, Beere, Beet, Fee, Heer, Heerde, Idee, Kameel, Kaffee, Klee, leer, Livree, Meer, Moschee, Portepee, Schnee, See, Seele, Speer, Spree, Theer, — des See's, die Seen, des Schnee's.

oo: Boot, Loos, Moor, Moos, Böte, Loose, Moore, Moose.

§. 62. 1. Die Dehnung der Selbst- und Umlaute wird oft durch Hinzufügung des „**h**" bezeichnet. Siehe auf die Grundform der Zeitwörter und beachte die Ableitung: Mehl, Lehm, Huhn, Ohr, zählen, fühlen, dröhnen; sah — sehen, ruht — ruhen, fröhlich — froh — froher.

2. Bei dem „**i**" bezeichnet man die Dehnung, indem man ein „**e**", ein „**h**" oder ein „**eh**" hinzufügt.

ie: die, dies, hier, nie, sie, viel, vier, wie, Harmonie, Kopie, Melodie, Paradies; — deklamiren, speculiren, illuminiren — **iren**; aber: regieren, spazieren; Quartier, einquartieren.

ih: ihm, ihn, ihr, ihnen, ihres, ihrem, ihren.

ieh: stiehlt, — stehlen; befiehlt, sieh, lieh, zieh, gedieh, Vieh, Viehes.

§. 63. 1 Mit „**th**" werden geschrieben:

Thal, Thaler, That, Thau, Theil, Theater, Thema, Theodor, Therese, Thermometer, theuer, Thier, Thür, Thon, aber: Ton (eines Instruments), Thor, Thron, Thräne, Apotheke, Aether, Armuth, Arithmetik, Athem, Dorothea, Elisabeth, Gemüth, Katheder, Katholik, Koth, Loth, Lazareth, Mathilde, Methode, Myrthe, Muth, Noth, Pathe, Räthsel, Röthe, Ruthe, Sabbath, Urtheil; — Draht, — drehen; Naht, nähen.

Merke: Abenteuer, Bart, Etat, Gebet, Geburt, Monat, Partei, Partie, Rhein, Rhede, Rhin, Rhone; — Whist, Katarrh, Rheumatismus, Rhinoceros. — Parasol, Diarium, egal, Fibel, Bibel, Lineal, Habit, Fabrik, Terrine, Garderobe.

2. Zu den Doppellauten tritt nur ein „h" hinzu, wenn die Ableitung ein solches erfordert: Weihnachten, rauh.

§. 64. 1. *Die Schärfung* der Selbst- und Umlaute wird oft *durch Verdoppelung* der darauf folgenden Mitlaute bezeichnet.

Mann, kennen, retten, hoffen, treffen, ertappen, wollen, können, Roggen, Egge, Widder, Robbe, Ball, Puppe, kämmen, karren, Narr, denn, wenn, dann, Sammet,

RECHTSCHREIBUNG — ORTHOGRAPHIE

Zimmet, majorenn, Rabatt, Duett, minorenn, Protocoll, Duell.

2. Für zwei „k" schreibe „ck". Also Rock, nicht Rokk, Stock, locken, necken, stricken, erblicken, backen, Druck, Stück.

Für zwei „z" schreibe „tz". Also Netz nicht Nezz.

Besatz, Schatz, Metze, Netz, sitzen, Klotz, Mütze, verletzen, Schutz.

Für zwei „ß" schreibe „ss", wenn du „ß" als Vor- u. Nachlaut hörst; hörst du es aber nur als Nachlaut, so schreibe „ß". Also lassen — laß und nicht laßßen — laßß.

lassen, wissen, Nuß — Nüsse, Riß — Risse, Fluß — Flüsse, ißt — essen, müßte — müssen, Kuß — küssen.

3. Nach gedehnten Selbst- und Umlauten, so wie nach Doppellauten und Mitlauten folgt keine Verdoppelung:

Ekel, Haken, buk, Laken, kam, Geiz, Kreuz, Wein, Franz, Herz, Salz, Bank, Kalk, Werk, Helm, Amt, Fuß, büßen etc.

4. Zwei auf einander folgende Mitlaute können niemals *beide* verdoppelt werden; der erste von ihnen aber wird verdoppelt, wenn es die Ableitung verlangt:

wollte — wollen, kannte — kennen, Gewinnst — gewinnen, kommst — kommen.

5. Die Buchstaben „ch", „sch" und „ß" werden *nie* verdoppelt:

Brüche, Flasche, Flüße, u. nicht Flüßße, Flaschsche, Brüchche.

6. In Wörtern aus fremden Sprachen steht *nie* „ck":

Rector, Doctor etc.

§. 65. 1. Es werden geschrieben mit „dt":

beredt, beredet; gesandt, Gesandter; verwandt, Verwandter; Stadt, todt = Eigenschaftsw.; der Tod = Hauptw., Ernte, Schwert.

2. Mit „ai":

Hain, Kaiser, Laie, laichen, Mai, Maid, Maier, Main, Mainz, Mais, Rain, Saite = Instrument, die Waise.

3. Mit „chs" für „cks":

Achse, Achsel, Büchse, Dachs, Deichsel, Drechsler, Eidechse, Flachs, Fuchs, Gewächs, Lachs, Luchs, Sachsen, sechs, Sechser, Sechste, Wachs, Weichsel, Wichse, Wuchs, wachsen — flugs Häcksel etc.

4. Mit „x" für „cks":

Alexander, Axt, Buxbaum, Crucifix, Examen, Exempel, Exemplar, Felix, Fixstern, Hexe, Max, Mexiko, Mixtur, Nix, Oxhoft, Taxe, Texas, Texel, Text, Xanthippe, Xerxes, perplex, Luxus, Exceß, extrafein,

Exekution, Extrem, Experiment.

§. 66. 1. Mit „Qu, qu" für „Kw, kw":

Quacksalber, Quaderstein, Quadrant, Quadrat, quaken, Quäker, Qual, Qualität, Quantität, Quantum, Quart, Quartal, Quartett, Quarz, Quaste, Quecke, Quecksilber, Quelle, Quentchen, quer, Querkopf, quetschen, quiken, Quinte, Quirl, quitt, Quitte, Quittung, Quotient, Aequator, bequem, erquicken, Quodlibet.

2. Mit „Pf und pf":

Pfad, Pfahl, Pfand, Pfanne, Pfarre, Pfarrer, Pfau, Pfeffer, Pfeife, Pfeil, Pfeifer, Pfennig, Pferd, pfiffig, Pfingsten, Pfirsich, Pflanze, Pflaster, Pflaumen, Pflege, Pflicht, Pflock, pflücken, Pflug, Pforte, Pfoste, Pfote, Pfriem, Pfropfen, Pfründe, Pfuhl, pfui, Pfund, pfuschen, Pfütze.

3. Mit „Ph, ph":

Phantasie, Pharao, Pharisäer, Philosoph, Philipp, Philister, Phosphor, Physik, Physikus, Amphibien, Atmosphäre, Christoph, Kaiphas, Kalligraphie, Kolophonium, Elephant, Epheu, Joseph, Geographie, Orthographie, Peripherie, Physiognomie, Philologie, Phrase, Prophet, Sopha, Sophie, Stenographie, Stephan, Strophe.

4. Mit „V, v" theils für „f" theils für „w":

ver, vertragen, Vertrag; *vor*, vortragen, Vortrag; *voll*, vollenden, Vollendung; *von*, davon, wovon; *viel*, vielleicht, vielästig; *vier*, vierfüßig, vierzig, Viertel; Vater, Vetter, Veilchen, Veit, Veitstanz, Velten, Vesper, vexiren, Vieh, Vogel, Vogt, Vogtei, Volk, activ, brav, Eva, David, Frevel, Gevatter, Gustav, Larve, massiv, Nerv, Motiv, naiv, octav, passiv, Nominativ, Genitiv, Dativ, Accusativ, Indicativ, Conjunctiv. — Vagabond, Vase, Vegetabilien, Ventil, Vicewirth, Victualien, vidimiren, violett, Violine, Virtuos, visiren, Visite, Vitriol, Vocal, Vocativ, Votum, Vulkan, Division, Evangelium, Lava, Locomotive, Malve, November, Pulver, Proviant, Provinz, Serviette, Universität, Revisor, Individuum, Invalide, Inventarium.

§. 67. 1. Steht „C, c" vor a, o, u, au, l, r, oder als Nachlaut, so lautet es wie „k" und kann auch „k" geschrieben werden:

Canal — Kanal, Cantor, Cocarde, Collecte, Cur, Cultur, Classe, Client, Creatur, Credit, accurat, October, Sclave, Scorpion, Microscop, Product.

2. Steht „C, c" vor e, i, y, ei, ä, so lautet es wie „z" und kann auch „z" geschrieben werden:

Cäcilie, Censor, Centner, Cichorien, Circular, certiren, citiren, Facit,

RECHTSCHREIBUNG — ORTHOGRAPHIE

Cylinder, Ceilon, Cäsar, Accent, Accise, December, Service.

3. Mit „Ch, ch" für „K, k" werden geschrieben:

Charakter, Charte, Charfreitag, Cholera, Chor, Choral, Christ, christlich, Chronik.

4. Mit „Ch, ch" für „Sch, sch":

Champagner, Charlatan, charmant, Charlotte, Charpie, Manchette, Chef, Chikane, Chocolade, tranchiren, revanchiren. Viele dieser Wörter schreibt man mit „sch".

5. Mit „y" werden geschrieben:

Anonym, Cypresse, Gymnasium, Hyäne, Syrup, System, Pyramide, Symbol.

6. Steht „t" *vor* ia, ie, io, iu, iö, so wird es wie „z" gelesen:

Patient, gratial, Addition, Ambition, Auction, Condition, Caution, Confirmation, Constitution, Deputation, Expedition, Lection, Motion, Nation, Ration, Revolution, Portion, Pontius, Subtraction, Exercitium.

§. 68. 1. Freund, Freundin, Freundinnen; heran; herein, hinan, hinein; wir sind, ihr seid = Zeitw.; seit = Verhältnißw.; wieder, wiederum = Umstandsw.; wider, gegen = Verhältnißw.; ich war — es ist wahr; der Mann ist ausgegangen — man (irgend Jemand) ist ausgegangen; er sticht mich mit der Nadel — das Tuch steckt in der Tasche; morgen — Morgen.

2. „ich" und „lich". Schreibe „ig", wenn das „l" zum Stamme gehört. Schreibe „lich", wenn das „l" nicht zum Stamme gehört: heil-ig, sel-ig; wirk-lich, glück-lich, freund-lich, schwäch-lich.

3. Einmal, jemals; ein Mal, zwei Mal. Ein paar (mehrere) Groschen — ein Paar (zwei) Strümpfe.

4. „*das, daß*". Kann man „das" mit „dieses" oder „welches" verwechseln, so wird es „das" geschrieben, kann dies nicht geschehen, so wird es „daß" geschrieben:

Das Kleid, das das Mädchen trägt, ist zerrissen. Niemand zweifelt daran, daß Geld Vieles möglich macht.

5. *Zu laufen* — zulaufen; anzufangen, anfangen, hinaufzusteigen.

§. 69. *Aehnlich klingende Wörter:*

Aas, aß; Allee, Alle; Armee, Arme; Beile, Beule; bezeigen, bezeugen; berichtigt, berüchtigt; Dauben, Tauben; dingen, düngen; dir, Thier, Thür, dürr; Drang, Trank, trank; erdig, erdicht; erhält, erhellt; erzeigen, erzeugen; fast, faßt; Fäule, Feile, Pfeile; Feilchen, Veilchen; Vetter, fetter; Feuer, Feier; Feld, fällt; Felle Fälle; fiel, viel, fühl; Fliege, Flüge, Pflüge; flicken, pflücken; Fluch, Flug, Pflug; Fund, Pfund; für, vier; ganz, Gans; gar, ja, Jahr; Gericht, Gerücht; hast, haßt; heilen, heulen; heute, Häute; heiser, heißer, Häuser; Kante, kannte; Körner, Kärrner; Kiste, Küste, küßte; Last, laßt, las't; leiten, läuten, Leuten; Magd, Macht; magst, machst; Mine, Miene; Mus, muß; Muse, Muße; Namen, nahmen; nein, neun; ölig, ölicht; Rad, Rath; Räuber, Reiber; Recht, rächt, regt; Rind, rinnt; reißen, reisen; sachte, sagte; sang, sank; sind, sinnt; singt, sinkt; Stelle, Ställe; Strenge, Stränge; Teich, Teig, Deich; Thon, Ton; Trift, trifft, währen, wären, wehren; Waise, Weise; wegen, wägen; Zähren, zehren; Zeugen, Zeug, zeuch; Ziegel, Zügel; Zaum, Zaun.

Trennung der Wörter.

§. 70. Ein *jedes Wort* hat so viel Silben, als es Selbstlaute hat. Mußt du beim Schreiben Wörter trennen, so *trenne* sie nach ihren **Sprechsilben**. *Einsilbige* Wörter können nicht getrennt werden. *Ein* Mitlaut zwischen zwei Selbstlauten gehört zur nachfolgenden Silbe. Stehen zwischen zwei Selbstlauten zwei Mitlaute, so gehört der eine zur ersten, der andere zur zweiten Silbe. Zusammengesetzte und abgeleitete Wörter trennt man oft nach ihrer Zusammensetzung und Ableitung.

ck, tz, st, sch, ch werden nicht getrennt, sondern zur folgenden Silbe gezogen.

§. 71. *Einen großen Anfangsbuchstaben* giebt man

1. zu Anfange eines Satzes;

2. nach einem Punkt, Frage- und Ausrufungszeichen, wenn diese einen Satz schließen;

3. nach einem Doppelpunkt, wenn die Rede wörtlich angeführt wird;

4. jedem Hauptwort, sowie allen Wörtern, die als Hauptwort gebraucht werden (der Mann, der das *Wenn* und das *Aber* erdacht etc. Ein Juchhei ist besser als ein Oweh!);

5. jedem Eigenschaftswort, das zu einem Titel gehört;

6. in Briefen den Fürwörtern, die sich auf die angeredete Person 1beziehen;

7. zu Anfang einer jeden Strophe in Gedichten.

§. 72. *Abkürzungen*: gest. = gestorben; geb. = geboren; Dr. = Doctor; St. = Sanct; Sr. = Seiner; Ew. = Euer; z. B. = zum Beispiel; d. h. = das heißt; d. i. = das ist; u. s. w. = und so weiter; p. p. = und so weiter; d. J. = dieses Jahres; d. M. = dieses Monats; v. M. = vorigen Monats; Anm. = Anmerkung; N. S. = Nachschrift; u. a. m. = und andere mehr; i. J. = im Jahre; v. Ch.= vor Christi Geburt.

Zusatz.

§. 73. Es werden gesprochen:

1. g = sch,

Agio, Adagio, engagiren, arrangiren, Eugen, Gage, Gelee, Genie, geniren, Loge, Logis, Page, Orange, rangiren, Sergeant, Gensd'arm.

2. j = sch,

jaloux, Jalousie, Journal.

3. qu = k,

Bouquet, moquiren, Maroquin, Piquet.

4. cu = kw,

Biscuit.

5. gne = nje,

Champagne, Champagner, Compagnon.

6. ai, ais = ä,

Affaire, Chaise, Domaine, Fontaine, Palais, Plaisir, Portrait, Raison, raisonniren, Souverain.

7. ail, aill = alj; eil = elj,

Bataille, Canaille, Detail, Medaille, Serail, Taille, Oreiller.

8. au, eau, eaux = o,

Chaussee, echauffiren, Epaulette, Sauce, Büreau, Bureaux.

9. ei = ä,

Seine.

10. em, en, an, ent = ang,

Entree, Pension, Provence-Oel, Assemblee, emballiren, avanciren, Balance, Departement, Avertissement.

11. er, et = e,

Banquier, Diner, Souper, Filet, Metier, Rentier, Premier.

12. eu = o,

Neveu, Queu, Liqueur, Collecteur, Deserteur, Friseur.

13. eint = ang,

Teint.

14. ai = ä,

Anglaise, Polonaise.

    oi = oa,

Loire, Toilette, Comtoir (jedoch meist Comtor gesprochen).

15. ou, out, ous = u,

Bravour, Bouteille, doubliren, Gouverneur, Cour, Louis, Redoute, Rouleaux, Ressource, Tour, retour, Ouvertüre, Coulisse, Courant, Courier, Cours, Cousine, Couvert, Ragout, Rendezvous.

16. ill = ilj,

Billard, Billet, Brillant, Postillon, Pavillon, Quadrille, Guillotine. — Bouillon, Patrouille.